高职高专通信技术专业系列教材

通信服务规范

主　编　文杰斌　夏晓天　邹凤娇

副主编　夏建辉　聂志宇　李　铮

西安电子科技大学出版社

内 容 简 介

本书通过浅显的理论、丰富的实践案例，从培养通信服务人员的礼仪习惯入手，结合我国通信产业服务的实际情况，介绍服务人员在各种服务场合所需要掌握的基本礼仪规范。全书文笔流畅、浅显易懂，融理论性、知识性、趣味性、实用性为一体，简要而系统地介绍了通信服务礼仪规范所包含的几个重要组成部分，尤其是通信企业实际应用的窗口礼仪、客户服务礼仪、电话礼仪等。每章简要介绍基本知识，并辅以案例分析、习题练习等重要实践环节。

本书可作为高校通信类专业学生的教材，也可作为各类服务型企业，尤其是通信企业的管理人员、客户经理、窗口服务人员、服务监督人员等的礼仪基础学习教材，还可作为青年人学习礼仪的入门教材。

图书在版编目(CIP)数据

通信服务规范 / 文杰斌，夏晓天，邹凤娇主编. —西安：西安电子科技大学出版社，2021.8
ISBN 978-7-5606-6171-1

Ⅰ. ①通…　Ⅱ. ①文…　②夏…　③邹…　Ⅲ. ①通信企业－商业服务－规范－中国
Ⅳ. ①F632.4-65

中国版本图书馆 CIP 数据核字(2021)第 161176 号

策划编辑　杨丕勇
责任编辑　刘　瑜　杨丕勇
出版发行　西安电子科技大学出版社(西安市太白南路 2 号)
电　　话　(029)88202421　88201467　　邮　　编　710071
网　　址　www.xduph.com　　电子邮箱　xdupfxb001@163.com
经　　销　新华书店
印刷单位　广东虎彩云印刷有限公司
版　　次　2021 年 8 月第 1 版　2021 年 8 月第 1 次印刷
开　　本　787 毫米×1092 毫米　1/16　印　张　10.25
字　　数　239 千字
印　　数　1～1000 册
定　　价　29.00 元
ISBN 978-7-5606-6171-1 / F
XDUP 6473001-1

前　言

当前，我国通信产业正呈现出大变革、大融合、大发展的趋势，新技术、新业务的快速发展催生出多种新业态，不同技术和业务之间的边界也越来越模糊，通信业的服务对象更广，服务种类更多。如何强化企业服务理念和服务意识，提高服务质量，提升企业核心竞争力成为通信企业的工作重点。

为了适应这一变化趋势，在激烈的服务市场竞争中取胜，在服务的提供过程中提升服务层次，要求通信服务队伍不仅要掌握服务营销的基本理论，也要掌握具体的服务礼仪的基本知识。为此，编者和通信领域的相关专家学者以及具有丰富公关礼仪实践经验的同仁共同探索，编写了这本《通信服务规范》。

全书共分 9 章，深入浅出地介绍了服务礼仪的基本内容，主要包括服务礼仪概述、基础礼仪、交际礼仪规范、求职礼仪、国际礼仪、装维服务规范、客户服务行为规范、服务的发展之路和正确处理客户异议等。

在编写过程中，我们借鉴了一些专家学者和同行的资料，在此表示衷心的感谢。还要特别感谢湖南天辰建设有限责任公司维护部张望华主任的支持，他为本书的编写提供了大量案例与素材。

由于编者水平有限，书中不足和疏漏之处在所难免，恳请业内专家和广大读者批评指正！

编　者

2021 年 2 月

目　录

第 1 章

服务礼仪概述

学习目标

➢ 认识什么是礼仪，掌握礼仪的特征。
➢ 认识礼仪对人生的重要意义。
➢ 掌握学习礼仪的基本原则。

案例分享

修养是第一课

有一批应届毕业生，实习时被导师带到某实验室里参观。全体学生坐在会议室里等待该实验室主任的到来。这时候，有个秘书给大家倒水，同学们就这样表情木然地看着她忙活，其中一个还问了问："有冰咖啡吗？天太热了。"秘书回答说："抱歉，咖啡用完了。"

当一位叫李毕的学生接过茶杯时，很有礼貌地说："谢谢，大热天的，辛苦了。"秘书抬头看了他一眼，感到很惊讶，因为这是她今天听到的唯一一句感谢。

门开了，实验室主任走进来和大家打招呼，不知怎的，静悄悄的，没有一个人回应。李毕左右看了看，犹豫地鼓了几下掌，同学们这才稀稀落落地跟着拍起了手，由于鼓掌声不齐，显得很凌乱。主任挥了挥手，说道："欢迎同学们到这里来参观。平时一般都是由办公室负责接待参观的实习生，因为我和你们的导师是老同学，非常要好，所以，这次我亲自来给大家讲一些有关情况。我看同学们好像都没有带笔记本。这样吧，秘书，请你去拿一些我们实验室印的纪念手册，送给同学们作纪念。"

接下来，更尴尬的事情发生了，大家都坐在那里，很随意地用一只手接过主任双手递过来的手册。

主任的脸色越来越难看，走到李毕面前时，已经快要没有耐心了。就在这个时候，李毕礼貌地站起来，双手握住手册，恭敬地说了一声"谢谢您"。

主任听到此言，不觉眼前一亮，伸手拍了拍李毕的肩膀，问："你叫什么名字？"李毕照实回答，主任微笑点头回到自己的座位上。两个月后，毕业去向表上，李毕的去向栏里赫然写着"某实验室"。有几位颇感不满的同学找到导师："李毕的学习成绩最多算是中等，凭什么选他而没选我们？"

导师看了看这几张尚且稚嫩的脸，笑道："是人家点名来要的。其实你们的机会是完全一样的，你们的成绩甚至比李毕还要好，但是除了学习之外，你们需要学的东西太多了，修养是人生中的第一课，也是最重要的一课。"

读完上述故事，你有什么样的思考呢？

1.1 礼仪的含义与特征

一、礼仪的内涵

礼仪是人们在社会交往活动中，为了相互尊重，在仪容、仪表、仪态、仪式、言谈举止等方面约定俗成、共同认可的行为规范。礼仪是对礼节、礼貌、仪态和仪式等的统称。

礼貌是指人们在交往过程中表示敬重、谦虚、恭敬、友好的行为规范，它体现了一个人的基本品质。礼貌的外在表现主要是仪表仪容适度修饰、姿态举止端庄得体、态度亲切和蔼、说话文明谦虚恭敬、待人接物彬彬有礼。

礼节是指人们在日常生活和交际过程中表示问候、致意、致谢、慰问、哀悼等的惯用形式或具体规定，是礼貌的具体表现方式，如路遇熟人相互打招呼、宾主见面相互握手、逢年过节互相拜访、亲朋好友遇喜事送礼物、对遭遇病痛或灾难的人们进行慰问等。

礼仪是指在社会交往中受历史传统、风俗习惯、时代潮流等因素的影响而形成，既为人们所认同，又为人们所遵守，以建立和谐关系为目的的各种符合礼学的精神、要求的行为准则或规范的总和。在礼学体系中，与礼貌和礼节相比，礼仪的内涵要深一些，主要有以下几点：

(1) 礼仪是一种行为准则或规范。

礼仪是一种程序，表现为一定的章法，如果你要进入某一地域，你就要对那里的习俗和行为规范有所了解，只有遵守这种习俗和规范，才能融入当地的环境。

(2) 礼仪是一定社会关系中人们约定俗成、共同认可的行为规范。

在人们的交往活动中，礼仪首先表现为一些不成文的规矩、习惯，然后才逐渐上升为大家认可的，可以用语言、文字、动作进行准确描述和规定的行为准则，并成为人们有章可循、可以自觉学习和遵守的行为规范。

(3) 礼仪是一种情感互动的过程。

在礼仪的实施过程中，既有施礼者的控制行为，也有受礼者的反馈行为，即礼仪是施礼者与受礼者互相尊重、情感互动的过程。

(4) 礼仪是为了实现社会交往各方面的互相尊重，从而达到人与人之间关系的和谐。

在现代社会，礼仪可以有效地展现施礼者和受礼者的教养、风度，它体现着一个人对他人和社会的认知水平、尊重程度，是一个人的学识、修养和价值观的外在表现。只有处于互相尊重的环境中，人与人之间的和谐关系才能建立并逐步发展。

二、礼仪的特征

在了解了礼仪的含义之后，有必要进一步把握礼仪的特征，从而更深刻地理解礼仪的本质，更好地为礼仪实践服务。

1. 规范性

礼仪是一种规范，是对人们在社会交往实践中形成的一定礼仪关系的概括和反映，并通过风俗、习惯和传统的方式保留下来。进一步说，礼仪是一定社会环境对人们的言行举止所提出的要求，并由社会思想家们集中概括出来，见之于人们的生活实践，从而形成人们普遍遵循的行为准则。每个人要想在社交场合表现得彬彬有礼、很有修养，都必须遵守礼仪规范。如果一个人不按照被社会认可的礼仪规范去工作、生活，那么其行为必然难以令很多交往对象接受。所以，规范性是礼仪的一个极为重要的特性。

2. 多样性

礼仪作为一种行为规范，涉及社会生活的各个方面，从而决定了礼仪有多样性的特点。人们因为不同的职业、不同的生活领域而需要遵循不同的礼仪规范，因此，不管在内容上还是形式上，礼仪都是丰富多样的。

3. 继承性

人们交际活动中的行为习惯以准则的形式固定下来，这种固化程式随着时间的推移沿袭下来，从而形成种种行为规范。每一个民族的礼仪文化，都是在本民族固有传统文化的基础上，通过不断吸收其他民族的礼仪文化而发展起来的，人们对待流传下来的礼仪规范应采取“取其精华，去其糟粕”的态度。

4. 差异性

礼仪是在各种社会实践中逐渐沉淀下来的文化遗产，所以对于礼仪的具体运用，会因时间、地点等现实条件的不同而呈现出一定的差异性。另外，同一种礼仪形式，在不同的场合，针对不同的对象，会有细微的差别。如同样的一句话，对北方人说可能是笑话，但对南方人说，则可能会令彼此尴尬。正因为礼仪存在这些差别，就要求人们在社交活动中尽可能多地熟悉和掌握社交礼仪，熟练地运用礼仪规范来展示自己的风采，使自己在社交场合中保持良好的形象，促进社会交往的成功。

5. 社会性

礼仪贯穿于整个人类社会的始终，遍及社会各个领域，渗透到各种社会关系之中。只要有人和人的关系存在，就会有作为人的行为准则和规范的礼仪的存在。在现实生活中，每个人都不能脱离社会而独立存在，都希望在自己的交际活动中取得成功，礼仪就是一把帮助人们在社会活动中取得成功的金钥匙。

6. 发展性

礼仪是逐渐形成的，并随着时代的发展而变化。任何时代的礼仪，都体现着时代的要求、社会的发展、历史的进步，由此而引起众多社交活动的新特点、新问题的出现，从而要求礼仪随着时代的进步而有所发展。如从封建时代的“三从四德”到社会主义时代的男女平等，礼仪随着社会的进步而更新，以符合时代的要求。

拓展阅读

子曰："君子义以为质，礼以行之，孙以出之，信以成之。君子哉！"

子曰："君子有三戒：少之时，血气未定，戒之在色；及其壮也，血气方刚，戒之在斗；及其老也，血气既衰，戒之在得。"

子曰："君子有九思：视思明，听思聪，色思温，貌思恭，言思忠，事思敬，疑思问，忿思难，见得思义。"

子谓子产："有君子之道四焉：其行己也恭，其事上也敬，其养民也惠，其使民也义。"

子曰："君子博学于文，约之于礼，亦可以弗畔矣夫！"

子曰："君子有三畏：畏天命，畏大人，畏圣人之言。小人不知天命而不畏也，狎大人，侮圣人之言。"

子曰："富与贵，是人之所欲也；不以其道得之，不处也。贫与贱，是人之所恶也；不以其道得之，不去也。君子去仁，恶乎成名？君子无终食之间违仁，造次必于是，颠沛必于是。"

子曰："君子周而不比，小人比而不周。"

子曰："君子喻于义，小人喻于利。"

子曰："君子坦荡荡，小人长戚戚。"

司马牛问君子。子曰："君子不忧不惧。"曰："不忧不惧，斯谓之君子已乎？"子曰："内省不疚，夫何忧何惧？"

子曰："君子和而不同，小人同而不和。"

子曰："君子易事而难说也，说之不以道，不说也；及其使人也，器之。小人难事而易说也。说之虽不以道，说也；及其使人也，求备焉。"

在陈绝粮，从者病，莫能兴。子路愠见曰："君子亦有穷乎？"子曰："君子固穷，小人穷斯滥矣。"

子曰："君子矜而不争，群而不党。"

子曰："君子贞而不谅。"

子贡曰："君子亦有恶乎？"子曰："有恶：恶称人之恶者，恶居下流而讪上者，恶勇而无礼者，恶果敢而窒者。"

子曰："君子不以言举人，不以人废言。"

子曰："君子道者三，我无能焉：仁者不忧，知者不惑，勇者不惧。"子贡曰："夫子自道也。"

子路曰："君子尚勇乎？"子曰："君子以义为上。君子有勇而无义为乱，小人有勇而无义为盗。"

子曰："君子不器。"

子曰："君子病无能焉，不病人之不己知也。"

子曰："君子无所争，必也射乎！揖让而升，下而饮。其争也君子。"

曾子有疾，孟敬子问之。曾子言曰："鸟之将死，其鸣也哀；人之将死，其言也善。君子所贵乎道者三：动容貌，斯远暴慢矣；正颜色，斯近信矣；出辞气，斯远鄙倍矣。笾豆之事，则有司存。"

棘子成曰："君子质而已矣，何以文为？"子贡曰："惜乎！夫子之说，君子也！驷不及舌。文犹质也，质犹文也。虎豹之鞟，犹犬羊之鞟。"

子贡问君子。子曰："先行其言而后从之。"

子曰："君子欲讷于言而敏于行。"

子曰："君子耻其言而过其行。"

子曰："君子求诸己，小人求诸人。"

子曰："君子怀德，小人怀土；君子怀刑，小人怀惠。"

子曰："君子上达，小人下达。"

子路问君子。子曰："修己以敬。"曰："如斯而已乎？"曰："修己以安人。"曰："如斯而已乎？"曰："修己以安百姓。修己以安百姓，尧舜其犹病诸！"

子曰："君子疾没世而名不称焉。"

子曰："君子谋道不谋食。耕也，馁在其中矣；学也，禄在其中矣。君子忧道不忧贫。"

子夏曰："君子信而后劳其民，未信，则以为厉己也。信而后谏，未信，则以为谤己也。"

子曰："人而无信，不知其可也！大车无輗，小车无軏，其何以行之哉？"

1.2　服务礼仪的含义

一、什么是服务

现在是一个服务至上的时代，单纯地讲究营销技巧已经不能使企业的客户不断扩大。什么是服务？《质量管理和质量体系要素第2部分：服务指南》(GB/T 19004.2—1994)中对服务定义为"为满足顾客的需要，供方与顾客接触的活动和供方内部活动所产生的结果"。

二、服务礼仪的核心——尊重

服务礼仪是指礼仪在服务岗位上的具体应用。一般来说，服务礼仪是指服务人员在自己工作岗位上所应当遵守的行为规范，是服务人员在服务工作中向服务对象表示尊重的一种规范形式。其核心是向服务对象——客户表示尊重。

孔子说："礼者，敬人也。"礼仪最初的动机及其核心内容就是表达对对方的尊重。服务工作中，应切实关注客户需求，尽量以他们希望的方式为他们提供帮助。很多时候，面对越来越挑剔、越来越苛刻的客户，服务人员常常手足无措，并时时问自己"客户到底需要什么"。其实客户需要的不外乎两点：一是高性价比的产品，二是良好的服务。而良好的服务的实质则是对客户的高度尊重。我们强调优美的服务环境、整洁大方的仪表、灿烂的微笑、规范的服务用语，归根结底是为了更好地尊重客户，为了使客户产生宾至如归之感。因此，服务礼仪的核心是向客户表示尊重。

尊重客户，在服务中之所以重要，是因为每一个人在生活中都需要被尊重，尊重是人类需求的重要组成部分。著名的心理学家马斯洛将人的需求分为五个层次，最低层次是温饱，第二层次是安全感，第三层次是归属感，第四层次是被尊重感，而第五层次是自我价值的实现。可见，尊重对于任何人而言都是十分重要的。无法给予员工足够尊重的企业，必然不能获得成功；而一个不能给予客户足够尊重的企业，也终将被客户抛弃。

从 1998 年开始，国家统计局陆续发布的统计数据充分表明，牵涉百姓基本生活的大部分物质资料产量已趋于饱和。这些迹象表明，中国企业运作的中心正发生着微妙的变化，企业必须在服务上多下功夫，才能迎接服务竞争时代的挑战。“仓廪实而知礼节，衣食足而知荣辱。”现在的企业竞争已不仅仅是产品的竞争，同时还包括服务的竞争，因为客户越来越强调享受购买产品时的服务。

在高收入国家，大约 2/3 的国内生产总值来自服务业；在中等收入国家，约 1/2 的国内生产总值来自服务业。因此，现在已经是一个服务经济的时代。

讲究服务礼仪已经成为提升服务品质的重要途径，同时也是使顾客感到备受尊重的有效方法，能达到和谐客户关系、彼此尊重的目的。礼仪是具有双向性的，它可以使施受双方都有愉悦的心理感受，并且能够体现双方的气质、风度、修养和职业素养，便于更好地建立服务关系。

三、服务礼仪的作用——约束和教化

首先，服务礼仪的作用是约束。服务礼仪最初以他律的形式对人们的行为举止形成约束，经过一段时间之后，当礼仪成为人们潜意识里的行为时，它又以习惯和精神的约束力支配着人们的行为。而且，自觉接受礼仪的约束并在日常行为中表现出规范礼仪的人，才被看作成熟的人。否则，他总会在工作和生活中受到有形和无形的教导甚至惩戒。

其次，服务礼仪的教化作用主要体现在两个方面。一方面，服务礼仪是一种教育手段。人们在学习服务礼仪的过程中会逐步明确自身的角色定位，树立服务意识，克服自身的主观和自我意识，逐步完善自我。另一方面，礼仪一旦确定下来，成为一个群体的行为和思想特征，就会成为该群体文化的组成部分。这种文化特征进而成为群体成员的标签，也是表达友善和尊重的一种重要方式。

四、服务礼仪的效果——调节

服务礼仪具有调节与客户之间关系的作用。由于存在信息不对称、服务工作中不尽如人意或者客户期望过高等问题，工作人员与客户之间难免会出现一些不和谐，甚至冲突的情况。这些冲突可能是有意的、无意的，直接的、间接的，利益的、非利益的，原则性的、非原则性的，激烈的、轻微的，个体与个体之间的、个体与组织之间的等。要使这些冲突或不和谐的问题尽快解决，服务礼仪起到及时、关键的调节作用。比如，一些规范的流程和形式可以帮助工作人员与客户之间进行有效的沟通，从而缓解矛盾，恢复感情，重建关系。

服务礼仪倡导在处理客户投诉时要先安抚，再致歉，接下来与客户沟通，向客户解释并商讨问题的解决方案，结束时与客户礼貌道别。类似于这种服务礼仪会起到增进了解、化解矛盾、取得谅解和宽容，并最终建立新的、健康的客户关系的作用。正所谓“礼之用，和为贵”。

1.3 服务礼仪的意义

服务礼仪是服务行业的从业人员给予服务对象的一种心灵感受，也是服务企业文化的现实表现，更是员工个人品位、修养的具体反映。注重服务礼仪，按服务礼仪要求服务，是服务型企业从业人员的最基本要求。服务礼仪具有以下几方面的意义。

(1) 注重服务礼仪，可以提升服务工作人员的个人素质。

礼仪在行为美学方面指导着人们不断地充实和完善自我，并潜移默化地熏陶着人们的心灵。它能帮助个人树立良好的形象，提升个人的素养，使人们的谈吐变得越来越文明，举止仪态越来越优雅，装饰打扮更符合大众的审美原则，体现出时代的特色和良好的精神风貌。

比尔·盖茨曾说："企业竞争，是员工素质的竞争。"他认为员工素质反映了一个公司的整体水平和可信程度。教养体现于细节，细节展示了素质。因此，加强服务礼仪培养，有助于提高服务行业从业人员的个人素养和自身的职业竞争力。

(2) 注重服务礼仪，可以调解服务工作过程中的人际关系。

社会犹如一部庞大的、高速运转的机器。它的正常运转，以人与人之间、部门与部门之间、组织与组织之间的协调及有序为前提。礼仪好像是一种润滑剂，使错综复杂的人际关系减少了一点摩擦。

在人际交往过程中，人们一般对尊重自己的人有一种本能的亲切感和认同感。尊重可以使对方在心理上感到满足、愉悦，从而产生好感和信任。在服务交往中，尊重是相互的。一般来说，人们受到尊重、礼遇、赞同和帮助就会产生吸引心理，从而形成和增进友谊；反之则会产生敌对、抵触、反感，甚至憎恶的心理。当你向对方表示尊重和敬意时，对方也会还之以礼，即礼尚往来。

服务礼仪是服务关系和谐发展的调节器、润滑剂，注重服务礼仪有利于促使服务各方保持冷静，缓和、避免不必要的矛盾冲突和情感对立，有助于建立起和谐的服务关系，从而使服务交往获得成功。因此，服务礼仪有助于满足客人的心理需求，使从业人员与客人之间能够更好地进行服务交流与沟通，有助于妥善处理服务纠纷问题。

(3) 注重服务礼仪能塑造服务型企业良好的服务形象。

当今社会，形象就是对外交往的门面和窗口，良好的企业形象可以给企业带来良好的经济效益和社会效益。现代企业管理特别注重员工的内在素质和外部形象，要求每一位员工都要有强烈的形象意识，认识到个人的所作所为就是本企业典型的活广告，是企业形象、文化、员工修养素质的综合体现。只有具备良好的服务礼仪素养，才有利于企业提升形象。

让顾客满意，为顾客提供优质的产品和服务，是塑造良好企业形象的基本要求。服务的过程不仅是商品和货币的交换过程，也是人的情感交流的过程。一句亲切的问候，一个理解的微笑，都犹如春风吹暖顾客的心，缩短了与顾客的距离。在一定意义上，规范化的礼仪服务，能够最大限度地满足顾客在服务中的精神需求。

服务礼仪展示了企业的文明程度、管理风格、道德水准，从而塑造了良好的服务型企业的服务形象。

(4) 注重服务礼仪能提高服务企业产品的附加值。

现代市场竞争是一种形象竞争。对于服务性行业，高素质员工提供的高质量服务有助于企业创造更大的经济效益和社会效益，同时有利于提升企业的文化内涵和品牌效应。因此，每一位员工的礼仪修养都对企业形象起着十分重要的作用。

许多企业家认为：企业活力=商品力+服务力。在产品本身差异化越来越小的今天，特色的服务已越来越成为许多企业的核心竞争力之一。而服务礼仪不仅可强化企业的道德要求，还可树立优质服务的企业形象。虽然服务是无形的，但是可以体现在服务人员的一举一动、一言一笑之中。因此，服务礼仪是企业无形的广告，在提高服务质量的同时，可以树立良好的企业形象，提高企业产品的附加值。

【测试你的魅力值】

1. 你总希望靠自己优雅的举止来引起老师和同学的注意吗？

A. 偶尔　　B. 常常　　C. 很少

2. 当你与喜欢的老师和同学在一起时你会采取哪种坐姿？

A. 双脚打开　　B. 双脚交叉　　C. 双脚并拢

3. 与你欣赏的老师交谈时，你会怎么样？

A. 双手自然下垂　　B. 双手交叉置于腹前　　C. 抱着胳膊

4. 走路时，你是东摇西晃，还是稳步前行？

A. 前者　　B. 不一定　　C. 后者

上述各题各个选项的分值如表 1-1 所示。

表 1-1　上述各题各个选项的分值

题号	A 项分值	B 项分值	C 项分值
1	2 分	3 分	1 分
2	3 分	2 分	1 分
3	3 分	2 分	1 分
4	1 分	2 分	3 分

说明：

分数为 8 分以上，说明你很具魅力，很会展示自己；

分数为 5～8 分，说明你的魅力一般，有发展潜能；

分数为 5 分以下，说明你需要提高自制力，努力成为一个有魅力的人。

拓展阅读

语言的魅力

据说，唐伯虎有一次为一老妇祝寿，老妇的儿女欢天喜地，恭请唐伯虎为之写祝词。唐伯虎也不推辞，提笔写下“这个女人不是人”，一言既出，老妇脸现怒色；“九天仙女下凡尘”，老妇由怒变喜。“生儿个个都是贼”，儿女皆惊，恨上心头；“偷来蟠桃献至亲”，结语一出，众人欢娱。真是一波三折，充满机变，令人叹为观止。

从上面的例子我们可以感受到语言的魅力，如果当时唐伯虎只说了前半句话，那么就会让人觉得这个人很没有素质，但是，后面的那一句补得恰到好处，不仅称赞了他人，还提升了自己的形象和修养。

1.4　服务礼仪的基本原则

1. 真诚尊重原则

真诚是对人对事的一种实事求是的态度。不自欺，也不欺人。待人真诚会得到别人的信任，反之会得到“虚伪”“骗子”等有损个人形象的评价，使正常的交往难以继续。真诚是人与人相处的基础，是礼仪的一条重要原则。

每个人在社会交往活动中都应诚心待人，恪守信用，履行承诺，不伤害他人的尊严，更不可侮辱对方的人格。只有真诚地奉献，才能有丰硕的收获；只有真诚地尊重，才能使双方友谊地久天长。掌握了这一点，就等于掌握了礼仪的灵魂。

礼仪故事

玉帛成干戈

公元前592年，当时的齐国国君齐顷公在朝堂接见来自晋国、鲁国、卫国和曹国的使臣。各国使臣都带来了圣玉、币帛等贵重礼品献给齐顷公。献礼的时候，齐顷公向下一看，只见晋国的使臣是个独眼，鲁国的使臣是个秃头，卫国的使臣是个跛脚，而曹国的使臣则是个驼背，不禁暗自发笑：怎么四国使臣都是有毛病的？

当晚，齐顷公见到自己的母亲萧夫人，便把白天看到的四个人当笑话说给萧夫人听。萧夫人一听便乐了，执意要亲眼见识一下。正好第二天是齐顷公设宴招待各国使臣的日子，于是让萧夫人届时躲在帷帐的后面观看。第二天，当四国使臣的车子一起到达，众人依次入厅时，萧夫人掀开帷帐向外张望，一看到四个使臣便忍不住大笑了起来，她的随从也个个笑得前仰后合。笑声惊动了众使者，当他们弄明白原来是齐顷公为了让母亲开心，特意这样安排时，个个怒不可遏，不辞而别。四国使臣约定各自回国请兵伐齐，血洗在齐国所受的耻辱。四年后，四国联合起来讨伐齐国，齐国不敌，大败，齐顷公只得讲和，这便是春秋时著名的“鞌之战”。

2. 平等适度原则

在社交场合中，礼仪行为总是双方的，不论哪一方是施礼者，哪一方是受礼者，双方都要一视同仁，给予对方同等程度的礼遇，不允许因为交往对象彼此之间在年龄、性别、种族、文化、职业、身份、地位、财富以及与自己的关系亲疏等方面有所不同而厚此薄彼，区别对待。平等原则在交往中表现为不骄狂，不我行我素，不自以为是、傲视一切、目中无人。平等是人与人交往时建立情感的基础，是保持良好的人际关系的诀窍。

礼仪故事

纪晓岚的幽默

有一天，纪晓岚去游五台山，走进庙里，方丈对他上下打量一番，见他衣履还算整洁，仪态也一般，便招呼一声："坐。"又叫一声："茶。"意思是端一杯一般的茶来。

寒暄几句后，知他是京城来的客人，赶忙站起来，面带笑容，把他领进内厅，忙着招呼说："请坐。"又吩咐道："泡茶。"意思是单独沏一杯茶来。经过细谈，当得知来者是有名的学者、诗文大家、礼部尚书纪晓岚时，立即恭恭敬敬地站起来，满脸赔笑，请进禅房，连声招呼："请上坐。"又大声吆喝："泡好茶。"又很快地拿出纸和笔，一定要请纪晓岚留下墨宝，以光禅院。纪晓岚提笔，一挥而就，写下一副对联：坐，请坐，请上坐；茶，泡茶，泡好茶。方丈看了非常尴尬。

适度原则是指人们在施行礼仪的过程中，必须在熟悉礼仪规范和准则的基础上，注意各种情况下人际关系的距离，把握与特定环境相适应的人们彼此间的交往尺度，要不卑不亢、落落大方，建立和保持健康、良好、持久的人际关系。遵循适度原则要求人们在社交场合要感情适度、谈吐适度、举止适度、装扮适度。

3. 自信谦逊原则

自信是指相信自己的想法和力量，认为依靠自己的能力，能够克服种种困难，达到预定的目标。自信是社交场合很可贵的心理素质，是一种内在力量。唯有对自己充满信心，才能在交往中不卑不亢、落落大方，遇到强者不自惭，遇到磨难不气馁，遇到侮辱敢于挺身反击，遇到弱者会伸出援助之手。人们越自信，就越有可能建立有益的而不是破坏性的人际关系。

谦逊就是虚心、不自满。谦逊是一种美德，它本身也是一种礼仪的表现。在社会交往中，只有谦逊礼让、不摆架子、不自以为是的人才能使人感到容易接近，才能给人以可以信赖、可以合作的印象。

4. 遵守信用原则

信誉即讲信用，在人际交往中要讲真话、遵守诺言、实践诺言。"民无信不立，与朋友交，言而有信"强调的正是守信用的原则。在社交场合，尤其要重视守时、守约。如果没有十足的把握就不要轻易许诺他人，许诺他人却做不到，会得到一个不守信的恶名，会永远失信于人。

5. 宽容关怀原则

所谓宽容，是指心胸宽广、忍耐性强。宽容是一种较高的境界，容许别人与自己有行动与见解上的不同。要宽容，就要做到将心比心，多包容他人，多体谅他人，多理解他人，多关怀他人。千万不要求全责备，斤斤计较，苛求他人，咄咄逼人。但是宽容也是有原则的，不是一味地迁就和忍让。总而言之，在社交活动中，一个有宽阔胸怀的人往往能宽容别人，更容易博得他人的爱戴和敬重。

6. 遵从习俗原则

礼仪具有差异性的特点，在不同国家、地区以及不同民族之间，由于国情、民俗和文化的差异，礼仪实际上存在着“十里不同风，百里不同俗”的现象。因此，在人际交往中，必须入乡随俗，在不同地区，应注意与当地人的行为习惯保持一致。切勿目中无人、自以为是，切勿对他人的行为指手画脚、随意批评。坚持入乡随俗的原则，可以使我们在交往中更好地遵守礼仪，更加有利于人际交往。而这一点在涉外交往中尤为重要，因为面对不同国家和地区的人，只有从俗，才可以进行有效的沟通，才可以更好地向对方表示尊重和友善。

案例分析

案例一　小瑞和小芳是好朋友，一天，学校发放贫困生助学贷款申请表，小瑞知道小芳的家境符合申请资格，便催促她去领表，但小芳无动于衷。小瑞着急之下，冲着小芳大叫：“你不是跟我说过，你爸妈都下岗了，家里没钱供你读书，只有找亲戚借，但是亲戚借钱的脸色不好看吗？与其看人脸色，还不如直接向银行贷款。”这时正是课余时间，很多同学的目光都转向了她们，这让小芳很难堪，一言不发。而小瑞也不知道怎么和她说，就这样，两个好朋友好长一段时间都没说话。

要求：请根据礼仪的基本原则分析小瑞同学的失礼之处。

案例二　有个业务员，他的工作是为公司拉主顾，主顾中有一家是饮料店。每次他到这家店里去的时候，总要先跟柜台的营业员寒暄几句，然后才去见店主。有一天，他又到这家商店去，店主却突然告诉他今后不用再来了，他们有更好的选择。这个业务员只好离开商店。他开着车子在镇上转了很久，最后决定再回到店里，把情况说清楚。

走进店里的时候，他照常和柜台上的营业员打招呼，然后到里面去见店主。店主见到他很高兴，笑着欢迎他回来，并且比平常多订了一倍的货。这个业务员对此十分惊讶，不明白自己离开店后发生了什么事。店主指着柜台上一个卖饮料的男孩说：“在你离开店铺以后，卖饮料的男孩走过来告诉我，你是到店里来的推销员中唯一会同他打招呼的人。他告诉我，如果有什么人值得同其做生意的话，就应该是你。”从此，店主成了这个业务员最好的主顾。

要求：说一说这个案例带给你什么启发和借鉴。

本 章 小 结

(1) 礼仪是人们在社会交往活动中，为了相互尊重，在仪容、仪表、仪态、仪式、言谈举止等方面约定俗成的、共同认可的行为规范。礼仪是对礼节、礼貌、仪态和仪式等的统称，具有规范性、多样性、继承性、差异性、社会性、发展性等特征。

(2) 服务礼仪是服务人员在自己工作岗位上所应当遵守的行为规范，是服务人员在服务工作中向服务对象表示尊重的一种规范形式。其核心是向服务对象——客户表示尊重。

(3) 服务礼仪也是服务企业文化的现实表现，更是员工个人品位、信心、仪态、形象、修养的具体反映。注重服务礼仪，按服务礼仪要求服务，是服务型企业从业人员最基本的要求。

(4) 服务礼仪内容丰富多样，但它有自身的规律性，其基本的原则有真诚尊重、平等适度、自信谦逊、遵守信用、宽容关怀、遵从习俗等。

(5) 现在的企业竞争已不仅仅是产品的竞争，同时还包括服务的竞争，因为客户越来越注重享受购买产品时的服务感受。

(6) 礼仪是具有双向性的，它可以使施受双方都有愉悦的心理感受，并且能够体现双方的气质、风度、修养和职业素养，便于更好地建立服务关系。

练　习　题

1. 礼仪的内涵是什么?
2. 服务礼仪的核心要素是什么?
3. 案例分析。

王先生请客户去吃饭，得知客户是广州人，特意挑选了广式菜。王先生本来想着因为饭菜符合客户的胃口，所以客户会满意，从而借着向客户聊聊家乡、个人爱好的机会与客户更好地接触。

菜端上来之后，王先生无比真诚地向客户询问此道菜，没想到客户还未开始说话，服务员已经开始侃侃而谈。王先生皱了下眉头，客气地说:“谢谢，若有需要我们会召唤你。”但是服务员并没有走，仍是自顾自地说着她家饭菜的调配技巧和品尝感受。

王先生越来越反感，因为这个话题是他精心准备的，客户原本就不善于与人交流，他想了好久的投其所好，并精心策划在这里见面，没想到服务员把他要问的问题都解答了。之后，他和客户又陷入了尴尬。

请思考：如果你是饭店的服务员，在遇到这种情况时你认为怎样服务才能赢得顾客的认可，并分析王先生为什么不开心。

第2章

基础礼仪

学习目标

➢ 掌握仪容主要内容，能够正确修饰妆容。

➢ 掌握服饰的基本原则，认识个人修饰礼仪在人际交往中的重要性。

➢ 掌握基本仪态礼仪，学会正确解读和使用面部表情，掌握训练方法，克服不良习惯，不断完善自我。

仪容、仪表都是指人的外表，仪容重在人的容貌，仪表重在人的服饰。服务人员容貌整洁、着装规范，会令客户心情愉悦，是服务人员尊重客户的具体表现。

2.1 仪容礼仪

仪容是指人体不需要着装的部位，主要是指面容及其他暴露在外的肢体部分，广义上还包括头发、手部以及穿着某些服装而露出的腿部。仪容是个人仪表的基本内容。由于仪容是人际交往中先被对方观察之点，所以必须展现积极健康的仪容，因为“你永远没有第二次机会给人留下美好的第一印象”。

子曰：“质胜文则野，文胜质则史。文质彬彬，然后君子。”

意思是质朴胜过了修饰就会粗野，修饰胜过了质朴就会虚浮，质朴和修饰比例恰当，即外表与内在相结合，然后才可以成为有修养的人，才显得有风度、庄重、文雅并有朝气。

人与人之间第一次见面形成的第一印象，即“首因效应”在整个交往过程中的作用占75%以上。所以，在社会交往中，外在的仪容仪表很重要。

当然，每个人的仪容既有自然形成的，也有通过后天的修饰和保养形成的。

俗话说，“三分长相，七分打扮”，不无道理。个人容貌是父母给予的，五官、皮肤的美感相对定型，有的天生丽质，有的存有缺陷。这就需要我们懂一些美容常识，通过保养、修饰，扬长避短，有效地弥补自身的缺陷和不足。

一、仪容的基本要求

仪容的基本要求是洁净清爽、整齐简约、庄重雅致、自然健康。洁净清爽、整齐简约指洁净整齐的整体姿容，无污渍、无病疮。庄重雅致、自然健康指仪容修饰得体，无夸张过分的装扮，呈现健康活力。

案例分享

小李是一名高级餐厅新来的服务员，个子高高的，长得很帅。但是头发一直都留得比较长，和他心目中的偶像一样。经理告诉他，餐厅服务人员不适合留这样的发型，但马上要上班了，已来不及让他去理发，希望他晚上回家之后能够将发型修剪成符合岗位礼仪标准的发型。经理还发现，小李的右手小拇指指甲留得很长，说这样的指甲会给顾客留下不好的印象，会影响服务工作的效果，希望他下班以后尽快剪短。

小李一肚子不愉快，对经理说的话不以为然。谁知，没过多久，他的头发就给他带来了麻烦。

有一位顾客点了一份辣椒炒肉。小李给这位顾客上菜时，顾客的桌上已经摆了很多盘菜，于是小李先将辣椒炒肉放在了旁边的桌子上，低头帮顾客整理桌上的盘子，好腾出空来放置新上的菜。桌子整理好之后，小李又很麻利地低头将辣椒炒肉摆到了桌上。此时，他的一绺头发挡住了右眼，小李顺手就用右手整理了一下头发，只见一根长长的头发落在了菜里。

顾客非常生气，后来经理只好减免了部分餐费，才平息了顾客的愤怒。

干净整洁是对服务人员仪容礼仪的基本要求。无论服务人员的天生长相如何，在服务工作中是否能够保持仪容仪表干净整洁并进行得体的修饰，是服务人员是否具备职业素养的重要考核标准。这些看似无关紧要的细节问题，最终可能会对服务质量产生重大影响。

二、仪容细节规范

(1) 面部保持清洁，容光焕发。

做到早晚洗脸，清洗附着在脸上、耳朵、脖颈的污垢，不要在脸上留有污渍、汗渍、眼屎等不洁之物。洗脸时可借助洗面奶等。男士每天进行剃须修面，不蓄胡须，鼻毛不得外现。

(2) 保持手部清洁，勤洗手。

手的清洁情况能反映出一个人的修养和卫生习惯。人际交往中常会使用到手部，在握手、传递、指示、致意时，伸出脏兮兮的手会令人恶心、尴尬，应极力避免。指甲应修剪得当，不蓄长指甲，不使用醒目甲彩，不过分装饰。

(3) 保持口腔清洁。

坚持早晚刷牙，确保牙齿洁白、口腔无异味。吃食物后要勤漱口，避免残渣遗留在牙齿上。工作之前不吃带异味的食物或吃后及时清洁，不宜边说话、边嚼口香糖。

(4) 勤洗澡，勤换内衣，身上不留异味。

不要在外人面前做揪胡须、拔体毛、挖鼻孔、掏耳朵等令人反感的动作，不喷过浓的香水。

(5) 发型宜给人神清气爽之感。

美好形象从头开始。发型是仪容的重要部分，头发整洁、发型得体是仪容的基本要求。男士头发前不覆额、侧不掩耳、后不及领。女士头发应修剪得美观大方，如是长发，工作时应将其挽束或盘起，不宜任意披散，发卡式样以简为宜，应坚持日梳月理。发型的选择要遵循自然、大方、整洁、美观的原则，既要观察发型的流行趋势，又不宜盲目追求新潮，重点考虑自己的年龄、性别、职业、场合、性格、爱好和脸型特点。整洁、得体、大方的发型易给人留下神清气爽的美感。

(6) 注意他人感受。

不带憔悴病容进行商务活动；有皮肤病者应尽量遮掩病变皮肤，避免外露，要防止与他人接触。

小贴士

服务行业的工作人员，指甲长度的标准是与指尖齐平，最长不超过2毫米。

三、美容化妆

美容化妆已经成为很多人生活的一部分。美容化妆不但可以塑造美好的面容，还能展现出个人的审美情趣和美学品位。因此，美容化妆绝不是简单的涂脂抹粉，更不是浓妆艳抹、矫揉造作。美容化妆的目的是更加充分地展示自己容貌上的优点，让自己容光焕发、神采奕奕；同时，也是向交往对象表示礼貌和尊重。天生丽质固然美妙，但巧夺天工更能体现人的智慧。

美容化妆包括基础保养和彩妆两部分。彩妆又根据不同的场合、不同的需要分为舞台妆、宴会妆、新娘妆、职业妆、休闲妆、个性妆等，应依照自己的身份地位、职业岗位、个性气质、目的场合来选择不同的妆型。

1. 做好基础保养

基础保养需要平时使用保养品保养肌肤，需注意如下事项。

(1) 清洁皮肤是保养的第一步。

洁肤很重要，如果没有把皮肤清洁干净，毛孔就会堵塞，出现粉刺、暗疮等皮肤问题。每天清洁肌肤时，动作要轻柔，要避免过度拉扯皮肤，建议做清洁动作时可以用中指及无名指的指腹，这样不会给皮肤造成负荷。

(2) 随时注意保湿。

每天摄取足量的水分，并且随时携带保湿产品，适时补充，避免肌肤出现干燥的细纹。很多女性都有这样的感受，在干燥的季节，不敢与别人近距离交谈，因为怕别人看到自己干干的皮肤、毫无光泽的脸庞。再高级、漂亮的服装，也掩饰不了暗淡无光泽的肤色。建议随身准备紧急补水保湿喷雾，随时对肌肤进行保湿。

(3) 适度去除角质。

应视自己的肌肤状况适度去除角质。去角质时不一定要全脸进行，针对局部即可。脸部肌肤变得粗糙、毛孔变得明显、有粉刺出现，都是该去角质的征兆。

(4) 做好肌肤防晒。

在户外应尽量避免肌肤曝晒，宁可多走两步到阴凉的地方，尽量选择遮蔽性的衣物，无法用衣物遮蔽时就要涂抹防晒产品。

导致皮肤衰老速度比较快的元凶就是阳光中的紫外线。紫外线可以穿透玻璃，即使室内也无法躲避，并且可以直达皮肤的真皮层，破坏胶原蛋白和弹性纤维，引起皮肤老化。建议每一位女性一年四季都用防晒霜，即便长时间身处室内，也要采取相应的防晒措施。

许多女性朋友只有在夏天或阳光强烈的时候，才会想到要防晒，而在其他季节或阴天的时候，认为没有防晒的必要。要知道，云层可以阻挡红外线，却无法阻挡紫外线。建议出门就涂防晒霜。

小贴士

紫外线分为 UVA 和 UVB 两种。

长波长的 UVA：直接照射皮肤后反应快速而直接，会导致皮肤发炎、肌肤老化、产生皱纹、降低皮肤弹性，甚至诱发皮肤癌。UVA 的强度大约是 UVB 的 15 倍。

中波长的 UVB：照射到皮肤后，会导致皮肤晒黑、免疫力下降、失去光泽。

(5) 避免抠抓肌肤。

当肌肤出现不舒适的症状时，要避免用手指搔痒、抠抓，因为这些动作都很容易破坏肌肤的组织结构，造成肌肤松弛，甚至留下疤痕。

(6) 对易出现表情纹的地方适度给予按摩。

要有效避免表情纹的出现，可以对容易出现表情纹的地方(如眉头、眼尾、嘴角等处)适时进行按摩。

(7) 睡眠要充足。

睡眠期间是肌肤自我修护的关键时间，睡眠也可以有效帮助肌肉放松。

(8) 多摄取具抗氧化功效的食物。

多摄取富含抗氧化功效成分(如维生素 C、维生素 E、茶多酚、葡萄多酚等)的食物，如水果；做到不抽烟，少吃油炸食物，这些都可以有效避免体内过氧化物的形成。

2. 掌握妆容礼仪

(1) 底妆的礼仪。

合格底妆：轻薄有质感；均匀的粉底根据部位不同应有厚度区别，从侧面轮廓处几乎看不到明显粉底；即使大笑也看不见干纹；底妆颜色应与肌肤自然融合，不得有色差。

失仪表现：底妆涂抹过了头，呈现无立体感的“大饼脸”；遮瑕过重，那些不反光的粉雾感区域在脸上明显；卡粉严重；底妆色调不合，如偏白、偏灰、偏青，即便是化了妆，看起来还是气色很差，没精神。

小贴士

油性肌肤选用无油或粉状类型的粉底霜；干性肌肤选用较滋润的粉底霜。

皮肤白皙可以选择粉色系粉底霜；皮肤偏黄可以选择紫色系粉底霜；皮肤偏红可以选择绿色系粉底霜。

(2) 眼妆的礼仪。

合格眼妆：睫毛浓密且根根分明，包覆住整根睫毛，看上去柔软自然；眼影浓淡适中有渐层感，颜色协调性佳；眼线有适当的晕染，感觉像是睫毛根部的一部分；睫毛弯翘的弧度适中，下眼线和下睫毛的处理很自然，眼睛放大不留痕。

失仪表现：眼线的线条很僵硬，没有过渡和晕染，看起来很俗气，或是上扬的角度不对；为了让眼睛看起来更大，经常故意将眼周画得又黑又浓；眼影色块很明显，没有层次感，或是颜色的搭配让人觉得很诡异；睫毛纠结很严重，或是块结明显，类似蜘蛛网；睫毛的角度很不自然，侧面看是垂直90°；下眼妆处理不当，如下睫毛只涂尾端，或是下眼线涂得太粗黑，看起来很凶狠。

(3) 唇妆的礼仪。

合格唇妆：唇部水润平滑，保养良好，看不见唇纹；唇型明显，唇膏的范围清晰不越线，给人一种优雅的感觉；唇色和腮红呼应，饱和的唇膏颜色和自身的唇部完美融合。

失仪表现：唇部脱皮，没保养好就急着上唇膏，死皮和唇膏黏在一起；乱涂唇膏，涂抹不均或画出线，用餐后唇妆掉色不补妆；唇妆使用太多层，颜色混在一起；用于勾勒唇型的唇线很明显。

小贴士

如果对衣柜里各种色彩的衣服和橱窗里的口红不知如何选择，可以只选择两支口红：一支橘红色，一支粉红色。再把两种颜色相混合，变成中性色，便能够搭配所有的衣服。至于涂多深多浅，是个人的选择。最后可以略涂点高光色，它能使嘴唇更有立体感，也更引人注目。

(4) 眉妆的礼仪。

合格眉妆：眉毛的颜色和发色很贴近，看起来自然；眉型和脸型相呼应，线条清晰整齐却不会让人特别注意到。

失仪表现：眉毛的上挑过于明显，让人感觉很尖酸刻薄；眉型角度太明显，随时都是处在惊愕状的表情；喜欢染发却不在意眉毛的颜色，黑色眉色显得很突兀。

小贴士

完美的眉形，可以使一个人的五官更具美感。如果你的眉形还不太完美，最好的选择就是用修眉刀具修剪出比较清晰的眉形，这样显得能干而精明，让你的脸瞬间焕发出清朗的神采。

2.2 服饰礼仪

服饰，即装饰人体的物品总称，包括服装、鞋、帽、袜子、手套、围巾、领带、提包、伞、发饰等。服饰最初是用来遮羞的，而今人对于新事物的认识不断进步，服饰的材质、样式也多种多样。

据统计，在现代人的审美观念中，76%的人根据外表判断人，60%的人认为外表和服装反映了一个人的社会地位。所以，你每天的着装，在无声地告诉你周围的人你的个性、收入、教养、品位、发展前途等。

不过，有的人无论穿什么样的高档时装，总是让人觉得气质欠佳、缺乏内涵；而有的人一身简单素衣，却显得魅力十足。

虽然现在是个讲究个性的年代，每个人都有自己的一套穿衣法则。穿什么、怎么搭配，仁者见仁，智者见智，没有什么定式，但是要遵循一定的礼仪规则。

一、TPO 三原则

T(Time)表示时间，即穿着要应时。不仅要考虑到时令变换、早晚温差，而且要注意时代要求，尽量避免穿着与季节不符的服装。

P(Place)表示场合，即穿着要应地。比如说上班要着符合职业要求的服饰，重要社交场合应着正装。穿着性感的服饰出现在工作场合容易使人产生不良的印象。

O(Object)表示着装目的，即穿着要应己。要根据自己的工作性质、社交活动的具体要求、自身形象特点来选择服装。

1. 商务场合

在商务活动中要穿戴整齐，以职业装为主。在这种场合，展示的是每个人的工作专业度，着装应端庄、大方，不过于强调个性。

着装应符合自身年龄和职业的性质，考虑工作环境，既实用又便于活动，同时又不失时尚，这才是最佳的职业着装。

质地：面料结实、有品位，比如羊毛、涤纶、精梳棉等。

忌讳：暴露、性感、紧身。

2. 社交场合

社交场合主要指宴会、晚会、派对、拜访、会客等。

服装应突出个性，不要过分保守。在一些正式的社交场合，中国的民族服装也是可以的。

社交场合的着装，还要看邀请函上是否标注了服装的要求，如果有，一定按要求着装。比如参加酒会，衣服面料不能是羊毛、涤纶等厚重的织物，可以选择有垂感的丝绸、缎子、硬纱、针织物或有些小亮片点缀的小礼服。

社交场合适用的传统古典的礼服或民族服装有小礼服和民族服饰，如旗袍、中山装等。

3. 休闲场合

休闲场合的着装可根据个人的爱好和自身的条件选择，以穿着舒适、美观，质地以棉、麻、毛、丝质为主的休闲装为主，适合上街购物、休闲聚会、运动等，并根据季节的变化而变化。

并不是所有的休闲服在休闲时都可以随意穿出去。穿着时，也得注意到它是否适合要去的环境与氛围，比如，睡衣是绝对不能穿出去的，也不能穿着睡衣接待到访的客人。

二、女士服饰礼仪

女士比男士在穿着上有更多的选择和更多的变化。

古时的女性注重服装的动机较单纯，无非是想获得他人的赞美，或是增加对异性的吸引力。在讲求男女平等的时代里，女性处处希望与男性平等竞争，简单追求外表的吸引力已不能满足这些职业女性。女性竞争者在着装方面必须更具道德魅力、审美魅力、知识魅力及行为规范的魅力，使服装无形中为协调人际关系、提高工作效率起到良好的作用。

在着装方面，女士需要严格地区分职业套装、晚礼服以及休闲服。在需穿着正式职业套装的时候，应该尽量避免穿着无领、无袖的衣服，或者领口开得太低、太紧身的衣服。衣服的款式要尽量合身，以利于活动。随着社会经济、文化的发展，如何得体、适度地穿着已成为一门学问。人们对服装过于花哨怪异者的工作能力、工作作风、敬业精神、生活态度，一般都会持怀疑态度。

1. 不恰当的着装

(1) 过分时髦。

现代女性热爱流行的时装是很正常的现象，即使不去刻意追求流行，流行也会左右着你。但有些女性几近盲目地追求时髦，超出了一般人的正常审美观。

(2) 过分暴露。

在主张个性张扬的时代，不少女性追求服饰的开放，把“暴露”当成时尚和美的唯一标准。夏天的时候，许多职业女性不注重自己的身份和场合，穿起颇为性感的服装。这样，你的才能和智慧便会被埋没，甚至还会被看成轻浮之人。因此，再热的天气，也应注意自己仪表的整洁大方。

(3) 过分保守。

过分保守是指因为缺乏对服饰认知和审美的能力，就只能停留在服饰最基本的层面上去接受和选择。

(4) 过分个性化。

过分个性化是指毫不顾及他人感受，选择自己认为最舒适或最有特色的服饰。最典型的就是选择一件随随便便的 T 恤或罩衫，配上一条泛白的“破”牛仔裤，丝毫不顾及办公目的和社交要求。这样的穿着既不能表现自己的审美能力，更不能体现对他人的尊重。

(5) 过分可爱。

在服装市场上有许多可爱俏丽的款式，但不适合工作中穿着，否则会给人轻浮、不稳重的感觉，尤其是将流行的可爱元素穿在上了年纪的人身上，更是不伦不类。

小贴士

服装搭配建议

H 型搭配：上衣宽松、裙子为筒式(身材稍胖)。

X 型搭配：上衣宽松、裙子为喇叭形(凸显腰身)。

A 型搭配：上衣紧身、裙子宽松(体现上半身身材优势、掩盖下半身身材劣势)。

Y 型搭配：上衣宽松、裙子紧身(体现下半身身材优势、掩盖上半身身材劣势)。

2. 女士服饰的基本技巧

色彩的重要性远远大于款式和面料。视觉平衡能带给人更好的感受，单色穿着是最为简单易行的法则。垂直线条可塑造修长的身段；依场合着装，时时处处显魅力；善用饰品，增添光彩；巧妙搭配，凸显不凡品位；注重服饰细节，成就完美造型。

3. 女士服饰的基本规范

不论女士身着何种款式的服装，都应遵循以下基本规范。

(1) 内衣不外穿、外露。裤子或裙子不要露出内裤的轮廓或颜色；不要露出内衣的肩带，不要穿睡衣睡裤出入公共场合。

(2) 丝袜色彩应与衣服相协调，要根据腿部优缺点选择合适的纹理或花色。公务场合忌穿黑色丝袜或网眼袜。袜口不低于裙边。切忌穿破损丝袜，这样既不雅观，也显失礼。建议手袋或办公抽屉里配备丝袜，以备不时之需。

(3) 正式场合不得穿拖鞋、露趾凉鞋、靴子等。

小贴士

问：穿裙装时，可不可以不穿丝袜？

答：正式场合要穿丝袜，平时可以不穿丝袜。

4. 掌握佩饰的技巧

佩饰是体小而质精的物品，多用在头颈、胸、腕、腰等表现力强的人体重要部位，有很强的视觉影响力。画龙点睛是使用饰品的原则。现在饰品的种类非常多，有头饰、项饰、胸饰、臂饰，这类配件是纯装饰性的饰品；还有围巾、腰带、手表、手袋等，这类是具有很强装饰性并兼具实用性的饰品。它们与人体、服装、香水等互相作用、互为组合和搭配。佩饰的使用规则如下。

(1) 适应场合。

高档珠宝首饰适用于隆重的社交场合，不宜在工作、休闲时佩戴。

(2) 适合身份。

选戴首饰要与自己的性别、年龄、职业及角色相适应。如公务员穿着执法制服时不能佩戴首饰；男士若戴项链，最好不要外露。

(3) 扬长避短。

选戴首饰要考虑自身的身材、肤色、衣服款式等因素，注意扬长避短。比如体型较胖、脖子较短的人应选佩较长而细的项链；身材苗条、脖子细长的人则最好选佩宽粗一些的短项链。

(4) 量少为佳。

炫耀性地佩戴多种首饰显得俗不可耐。若有意同时佩戴多种首饰，总量不宜超过3种。

(5) 色质相同。

若同时佩戴多件首饰，应力求色彩、质地相同，不要五花八门。

(6) 佩戴得法。

要了解并尊重风俗习惯。项链通常只戴一条，不宜同时挂着金项链、珍珠项链等；耳环讲究成对佩戴，且不宜在一只耳朵上同时戴多只耳环；手镯戴一只、两只皆可，但也不宜在一只手上戴多只手镯；手链通常只在左手上戴一条，不宜双手同时戴手链；胸针通常别在左侧衣领上或左侧胸前。

5. 帽子与手套

正式场合，无论室内室外，女士均可戴装饰性帽子(保暖型和运动型帽子除外)，但帽檐不能过宽，以免因遮挡别人的视线而显得失礼。

与人握手寒暄时，女士戴的装饰性的薄纱手套不用脱下，保暖型的毛线手套和厚厚的皮质手套则需脱下。

三、男士服饰礼仪

现代男士西服基本上是沿袭欧洲男士服装的传统习惯而形成的，其装扮行为具有一定的礼仪意义。如双排扣西服给人以庄重、正式之感，多在正式场合穿着，适合于正式的仪式、会议等；单排扣西服穿着场所更广，宜作为工作中的职业西服或生活中的休闲西服。

在正式的商务场合，男士应该穿西装，打领带，衬衫的搭配也要适宜。一般情况下，在正式的商务场合穿夹克衫，或是外穿西装，内穿高领衫、T恤衫或毛衣进行搭配，都不是十分稳妥的做法。

1. 穿西装的原则

(1) “三一律”原则。

所谓“三一律”，就是要求男士在正式场合露面时，公文包、皮带、皮鞋应当注重色彩的合理搭配，最好为同一色系。

(2) “三色”原则。

男士正装色彩，最好全身上下控制在三种颜色之内，这样有助于保持正装庄重的总体风格，并使正装在色彩上显得规范与和谐。

男士的西装一般以深色为主，避免穿着花格子或者颜色非常艳丽的西服。男士的西服一般分为单排扣和双排扣两种。在穿单排扣西服的时候，特别要注意扣子的系法，两粒扣子的，只系上面的一粒；如果是三粒扣子，只系上面的两粒，最下面的一粒不系。穿着双排扣西服的时候，则应该系好所有的纽扣。

2. 西装衬衫穿法

在西装与衬衫的组合上，衬衫的下摆要放入裤子里。整装后，衬衣领和袖口均要比外衣长出一两厘米。纯白色或白色带清爽蓝条纹的长袖衬衫是必不可少的基本服装配件。选择衬衫时，注意衬衫的颜色和西装整体的颜色要协调。由于中国人是黄皮肤，在选择颜色时应少选黄色、绿色、紫色，宜选深蓝色、深灰暖性色、中性色等色系。脸色较暗的男士，可选择浅色系和中性色。

衬衫领口和袖口沾上污渍时就不应该再往身上穿，一定要洗得干干净净、熨得笔挺的衬衫才悦目。同时，衬衫不宜过薄或过透。特别要注意的一点是，穿着浅色衬衫的时候，在衬衫的里面不要套深色的内衣或保暖防寒服，特别注意领口，不要将里面的防寒服或内衣露出。

3. 领带

领带的颜色和衬衫、西服颜色要相互配合，整体颜色也要协调。同时，系领带的时候要注意长短的配合，领带的长度应该正好抵达腰带的上方，或者距其有一两厘米的距离。打领带的时候，衬衫上所有的纽扣，包括领口、袖口的纽扣，都应该系好。

领结要成倒三角形。要想有点变化，可在它的下面压出小窝，称为“男士的酒窝”。

- 半温莎结(Half-Windsor)的系法：

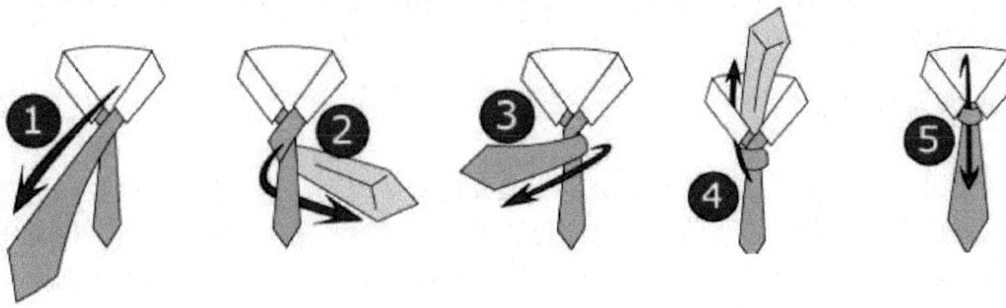

- 四手结/单结(Four-in-hand)的系法：

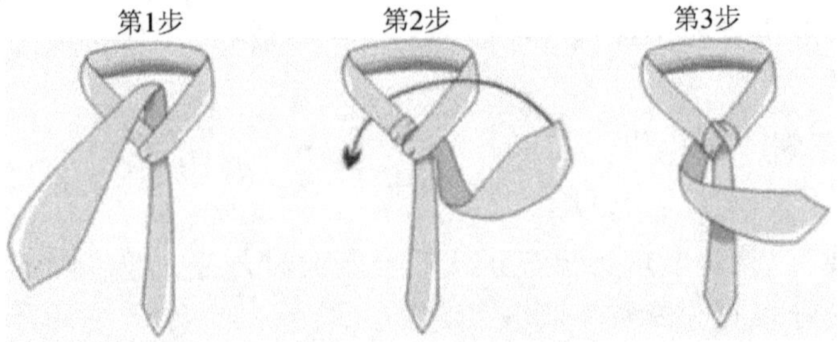

4. 皮鞋和袜子

男士在穿西服、打领带这种商务着装的情况下，一般要配皮鞋，而不能是运动鞋、凉鞋或者布鞋。皮鞋要每天清洁以保持光亮整洁。在选择袜子的时候，注意袜子的质地，透气性要良好，同时，袜子的颜色必须保持和西装的整体颜色相协调。如果穿的是深色的皮鞋，袜子的颜色也应该以深色为主，同时避免出现比较花哨的图案。男士穿皮鞋时的注意事项如下。

(1) 正装皮鞋，以系带牛皮鞋最佳。

(2) 皮鞋颜色以深色、单色为佳。

(3) 配皮鞋穿的袜子，最好是纯棉、纯毛制品，不要穿尼龙袜和丝袜。

(4) 袜子以黑色、深灰色为佳，不能穿白色及彩色袜、运动袜。

5. 男士服装的其他注意事项

从事商务活动经常要使用钢笔，正确携带钢笔的位置应该是男士西装内侧的口袋，不应该在男士西装的外侧口袋，一般情况下应尽量避免把它装在衬衫的口袋里面，因为这样容易把衬衫弄污。

应该选择一个比较好的名片夹存放自己的名片，这样可以保持名片的清洁、整齐，也可避免因无处存放而拿在手中不停摆弄。避免直接把对方的名片放在口袋中。

男士在着装的时候，应该随身携带纸巾，或者携带一块手绢，可以随时清洁自己面部的污垢，避免尴尬的场面出现。

在选择公文包的时候，式样、大小应该和男士整体的着装保持一致。男士的一些物品，像手机、笔记本、笔等，一般可以放在公文包中。男士在着西装的时候，应该尽量避免口袋中携带很多的物品，因为这样会使衣服显得很臃肿，不适合商务场合。

四、服装的色彩搭配

色彩是构成服装的重要因素，因为它几乎覆盖了全身。服饰给人的第一感觉首先是色彩带来的，色彩是整个服装的灵魂。每个色彩都有不同的特性，都有独特的色彩感情与个性表现。服饰色彩的情感表达正是将不同的色彩进行组合搭配，表现出热情奔放、温馨浪漫、活泼俏丽、高贵典雅、稳重成熟、冷漠刚毅等不同的风姿风韵。

色彩具有三种属性：色相、明度、纯度。色彩可分为无彩色和有彩色两大系列。无彩色主要由黑、白、灰组成。有彩色按可见光的不同波长区分，有红、黄、绿、青、蓝、紫等。有彩色又具体分为暖色，包括红、黄、橙及相近的色彩，给人以热的感觉；冷色，包括青色、蓝色，给人以寒冷的感觉；中间色，包括绿色、紫色。冬季选暖色，夏季选冷色，是选择服装色彩的习惯。服装色彩的搭配方法有以下几种。

1. 主色调服饰搭配

这种配色可采用各种对比色，但要确定一种起主导作用的主色。主色应与整套服饰及基调相一致，在整套服饰中应占大比例的面积或较重要的位置。辅色的选择也要符合服饰的整体基调。

2. 补色搭配

补色搭配指两个相对的颜色组合，如红与绿、青与橙、黑与白等，补色配合能形成鲜明的对比，有时会收到较好的效果，其中黑白的搭配是永恒的经典。

3. 同类色搭配

同类色搭配指深浅、明暗不同的两种同一类颜色的相配，如青配天蓝、墨绿配浅绿、咖啡配米色、深红配浅红等。同类颜色配合的优点是使服装整体感觉柔和文雅。

4. 近似色搭配

近似色搭配指两个比较接近的颜色相配，如红色与橙色或紫红色相配，黄色与草绿色或橙黄色相配等。像绿色与嫩黄色搭配，整体感觉非常文雅、文静，既能给人一种春天的感觉，又能给人一种淑女的感觉。

小贴士

人的美，不仅仅是指天生的容貌，还有心理学和美学意义上的美。

仪表不为取悦别人，不是虚荣的表现，是我们热爱生活与维护自尊的表达。

得体适宜的打扮，要点在于精致中不露痕迹。装饰一定要恰到好处、点到为止，并符合自身的气质。

2.3 仪态礼仪

礼仪故事

孟子休妻

战国时期的思想家、政治家和教育家孟子，是继孔子之后儒家学派的代表人物，被后世尊奉为“亚圣”，仅次于孔子。

有一次，孟子的妻子看到室内无人，便将两腿叉开坐在房间里休息。孟子推门进来，看到妻子这样坐着十分生气。孟子一声不吭地走出去，看到母亲，便对母亲说：“我要将妻子休回娘家去。”孟母问他：“这是为什么呢？”孟子说：“她既不懂礼貌，又没有仪态。”孟母又问：“你凭什么这样说？”“她双腿叉开坐着，所以要休她。”孟子回道。原来，古人称这种双腿向前叉开坐为箕踞，箕踞向人是非常不礼貌的。“那你是怎么知道的呢？”孟母问。孟子便把刚才的一幕说给母亲听。孟母听完后说：“如果是这样的话，没有礼貌的人不是你妻子，而应该是你。难道你忘了《礼记》上是怎么教人的？进屋前，要先问一下里面是谁；上厅堂时要高声说话，以提醒别人；为避免看见别人的隐私，进房后眼睛应向下看。卧室是休息的地方，你不出声、不低头就闯了进去，失礼在先，怎么能责备别人没礼貌呢？”一席话说得孟子心服口服，再也没提什么休妻子回娘家的话了。

仪态也叫仪姿、姿态，泛指人们身体所呈现出的各种姿态，包括举止动作、神态表情和相对静止的体态。人们的面部表情，体态变化，行、走、站、立、举手投足都可以表达思想感情。仪态是表现个人涵养的一面镜子，也是构成一个人外在美好形象的主要因素。不同的仪态显示人们不同的精神状态和文化教养，传递不同的信息，因此，仪态又被称为体态语。

每个人的仪态，随时都在传递着他的情绪，反映着他的心态，同时也会给他人留下不同的印象。

很多人的仪态很优雅、得体，那是一种有素养的体现。如果一个人成天含胸驼背、精神委靡不振，或举止“龙飞凤舞”，给人的感觉是要么没自信，要么不沉稳，再漂亮的首饰、再昂贵的衣服也修饰不了身体姿态给人的不良的视觉感受。这些对女性重要，对男性也是如此！

仪态要率直而不鲁莽，活泼而不轻佻，工作紧张而不失措，休息时轻松而不懒散，与宾客接触时有礼而不自卑。一个人的气质、风度及礼仪教养不是高档的服饰装扮或他人吹捧而成就的，而是在一言一行中自然流露出来的。

一、站姿

站姿是人的静态造型，并且是其他动态造型的基础。优美的站姿能体现一个人的自信，并给他人留下美好的印象。

女性应亭亭玉立，文静优雅；男性应刚劲挺拔，稳健大方。

正确的站立姿势：端正、庄重，具有稳定性。

标准站姿的具体要求：

表情和顺，呼吸自然；下颌微收，双目平视前方，面带微笑；脖颈挺直，头顶上悬，精神饱满；两手臂放松，自然下垂于体侧，虎口向前，中指触裤缝，手指自然弯曲；双肩平齐放松、舒展，微向后张，上体挺直；脊椎、后背挺直，胸略向前上方挺起；腹肌、臀大肌微收缩并向上提，臀、腹部前后相夹，髋部两侧略向中间用力，两腿并拢立直，这样大腿肌肉会出现“紧张感”，给人以“力度感”；两脚跟相靠，脚尖开度为 45°～60°，身体重心落于两脚中间。

练习方法：将身体靠墙壁站立，让后脑勺、脊背、臀部、小腿和脚后跟成一条直线，后脑勺靠墙，下颌微微收回，把双腿绷直，尽力贴靠在墙壁上。这时，脚后跟抵住墙壁，可以尝试把手掌塞在腰和墙之间，如果刚好塞进去就是非常合适的站姿；如果塞进去空隙太大，可把手一直放在背后，然后屈腿慢慢下蹲，直到腰与墙壁之间的空隙刚好只可以放一只手，然后站直，寻找站立时挺拔的感觉。

找到感觉后要经常练习，坚持不懈才能够有挺拔的身姿，好的仪态绝对不是一朝一夕形成的。

1. 女士的几种优雅站姿

(1) “V”字形站姿动作要领。

头抬起，面朝正前方，双眼平视，下颌微微内收，颈部挺直，双肩放松，呼吸自然，腰部直立；脚掌分开呈“V”字形，两脚掌成 15°～30°角，脚跟靠拢，两膝并紧，双手相握轻轻垂放于小腹前。

“V”字形站姿适用于商务、服务行业。

(2)“丁”字形站姿动作要领。

一脚在前，将脚跟靠于另一脚内侧，两脚尖向外略展开，形成斜写的一个“丁”字，双手在小腹前相握，身体重心在两脚掌中间。

“V”字形站姿

“丁”字形站姿

2. 男士的站姿

双脚稍稍分开，距离与肩同宽或略窄于肩膀的距离，双手自然垂放于身体两侧，或两手相握放于体后。主要适用于商务、服务行业。

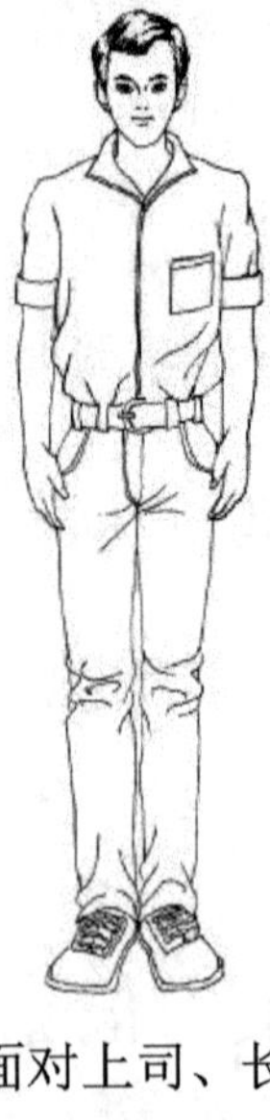

无论女士还是男士，面对上司、长辈、重要嘉宾或向他人做介绍、问候时，都应双脚并立，身体挺直。

3. 站姿的注意事项

案 例 分 享

李先生去一家公司开会，会前在休息室喝茶，突然听到一个洪亮的女声，便抬起头看了看。只见一位穿着公司制服的女士正从里面往外走，一看就是位领导，走起路来风风火火，刚打开门，人还没有走出来就冲着外边喊：“哎，小琳，某某公司的人来了没有……”小琳正在一个开放式的柜台处接待客户咨询，闻声连忙站了起来。开放式柜台设在比大厅地面砌得高出30厘米左右的台阶上。领导走过来便把右脚踏在了这30厘米高的台阶上，右手也顺势撑在这条右腿上，她的动作和她身上的职业装搭配在一起是那么的不伦不类，她在讲话的时候，右手有时还在膝盖上来回摩挲……李先生对这家公司的印象瞬间大打折扣。

在社交场合，有一些不太得体的行为是一定要注意的。

(1) 不能倚靠在柱子、墙壁或是桌子旁。

将身体倚靠在柱子、墙壁或是桌子旁，看上去非常的萎靡不振，似乎连自己的身体都支撑不住的样子，又如何能让他人信赖。除非身体情况不允许，否则不要借助外力站立。

(2) 任何时候，女性都不能双腿分开站立。

女性双腿分开站立时给人的感觉绝不仅仅是大大咧咧、不拘小节，而是粗鲁、没教养。

(3) 在站立的过程中不能抖动双腿或晃动上体。

在站立过程中抖动双腿或晃动上体的动作千万不能在社交场合出现，因为这会让人感觉你是一个做事漫不经心的人。

(4) 减少不必要的小动作。

站立的时候要控制无意识的小动作。在社交场合，很多人在与他人交谈时会不自觉地摆弄衣角、抚摸发梢，殊不知这样的动作出现在生活中可能比较可爱，但在工作场合则显得不够端庄和职业。另外，双手也不要抱在胸前，这种动作往往表示消极、抗议、防御等意思，很难让交谈对象感觉亲切、放松。至于双手叉腰站立，则是一种潜意识中带有挑衅或者侵犯意味的举动。还有诸如摆弄手指或签字笔等小动作也是不可取的。过多的小动作会让人感到你心不在焉，并让人心烦意乱。所以，当手中没有东西时，可将双手轻握放在腰际，如果手里有东西则应该端正拿好。

(5) 站立的时候不能含胸驼背。

含胸驼背的姿态使人感觉萎靡不振，穿上再漂亮的衣服也不会好看，尤其是穿职业装的时候，优美的体态配以职业的服装才能够相得益彰。站立时不要过于随便，如驼背、塌腰、耸肩、两眼左右斜视。双腿弯曲或不停颤抖，都将影响站姿的美观。

站立是人最基本也是最重要的姿态，不良的站姿还会影响体内血液循环，可能会压迫内脏，导致消化不良，并可导致胃、肺机能变差。反映在形体上，会造成驼背、垂胸、下腹肥胖等情况；反映在外貌上，会出现眼睛无神、皮肤暗淡无光。

站姿是良好行走姿态以及得体坐姿的基础，所以良好的体态语也是从站立开始的。古话讲“站如松，坐如钟，行如风，卧如弓”，将站姿放在第一位，可见站姿对一个人是多么的重要。我们与他人见面时采取的第一个姿势就是站立，即便正在坐着，看到对方时起身问候也是一个让人倍感尊重的动作。

小贴士

社交场合的站姿禁忌

✧ 忌过于随意、懒散的站姿，如探脖、塌腰、耸肩、抖腿、频频变换双腿姿势等。

✧ 忌在正式场合双手抱胸，随意摆弄手指或双手插入口袋。

✧ 忌当众搔头皮、挖耳朵、抠鼻子、咬指甲。

二、坐姿

在中国，自古以来就对坐姿的礼节要求很高。比如箕坐(也称“箕踞”)，指伸开腿而坐，被认为是一种不合礼节的举动，所以《礼记·曲礼》上说“坐毋箕”。

在日常生活中，有许多人的坐姿不正确。不论男女，不论职位高低，大家各有各的坐姿习惯，比如有两腿分开的、跷二郎腿的、坐在座位上不停地踮脚的等，这些习惯看似是小毛病，但有时会让人感到缺乏教养。

1. 正确的坐姿

端庄优美的坐姿，会给人以高雅、稳重的美感。优美的坐姿是端正、优雅、大方、自然的。

上身挺直，双目平视，无驼背弯腰。出入座位时左入左出。入座轻、稳，离座轻、缓，入座时先用右腿感知凳子位置，以防摔倒。坐满凳子 2/3 处，大腿与小腿保持 90° 折角，切忌前俯后仰、弓腰塌背、摇腿跷脚、腿脚打颤。

基本坐姿：双腿并拢，双手自然置于膝盖上；男士双脚可打开，保持与肩同宽。

前伸后屈式坐姿：左右脚一前一后，膝盖打开(女士膝盖并拢)，双手自然置于膝盖上。

斜放式：适合女性。分为左斜放式和右斜放式。左斜放式，先提左脚向左斜放，再提右脚斜叠放在左腿上。右斜方式反之。

总的来说，男女的坐姿大体相同，只是在两腿的摆放上存在一些差别。

2. 规范的入座

入座时，要轻而缓，走到座位前面，然后转身入座，右脚后退半步，掌握好重心，轻轻地坐下，然后将右脚收回与左脚平放。

女性穿裙装时，需用手将裙子向前拢一下，把裙子整理平展再落座。男士落座时，双手自然下垂即可。

坐下后，上身直立，头正目平，面带微笑，两手交叉相握，放在腹部或两腿上。男士两膝间的距离不得超过肩宽，女士则两膝贴紧。

坐稳后，若椅子有扶手，双手可轻搭扶手上呈一搭一放状态。若是无扶手的座位，女士左手放在左腿上，右手搭在左手背上，两手交叉相握，呈“八”字形放于腿上；男士两手可各放在相对应的腿上。

起立时，右脚向后收半步，而后站起。

离开时，右脚再向前走一步，或向右侧退出。

注意：

(1) 坐椅子的 2/3 处能够体现对他人的尊重。

与人交流时不能坐满整个椅面，如果把身子靠在椅背上，脊背因过分舒适而弯曲，看上去就感觉精神不振，一般坐椅面的 2/3 就比较合乎礼节了，而且也因脊背直立而显得很有精神。在与人交谈时，为表示重视，不仅应面向对方，而且要把整个上身朝向对方，而不仅仅是把头扭向对方。

(2) 坐着的时候不能有太多的小动作。

有些人坐着的时候有太多的小动作，其中最令人厌恶的就是抖腿，这是烦躁不安的表现。如果与人交谈时抖腿，会使交谈对象认为这是“逐客令”。很多动作都具有传染性和感染性，抖腿尤为如此，会使看到的人感到心烦意乱，或产生莫名其妙的不安感。另外，用鞋的高跟敲地也是非常不好的行为，哪怕敲击得如鼓点般富有韵律都是令人生厌的，因为这对他人来说是一种噪声污染。还有，坐着的时候不能频繁更换坐姿，而且更换坐姿的幅度不能过大。与人交谈时，无论采用双腿斜放式、双腿交叉式还是重叠式坐姿，都应该将膝盖朝向对方，而将双脚放在另外一侧。也不要为了更换坐姿而使谈话停顿下来，继续讲话，若无其事地调整腿脚位置就可以了，千万不要用上身力量来带动腿部大幅度地更换坐姿，不仅要坐得漂亮，变换坐姿同样要轻巧自如，控制住上身，仅用腿部力量来完成就可以了。

我们常说的“坐如钟”，是指坐着的时候要有沉稳而从容的姿态及表情，看上去端庄而不做作。

错误的坐姿

三、走姿

很多人认为走是一个运动的过程，不像静止的站立那么引人注目，因此常常被忽略。其实，走姿最能体现一个人的心情、态度和修养。

行走是我们生活中的主要动作，有的人精心打扮穿着入时，但如果走姿不美，也会逊色三分；而有的人尽管服装样式简单，却因优美的走姿而显得气度不凡。标准的走姿要求行走时上身挺直，双肩平稳，目光平视，下颌微收，面带微笑；手臂伸直放松，手指自然弯曲，摆动时，以肩关节为轴，上臂带动前臂，向前后自然摆动；身体稍向前倾，提髋，屈大腿，带动小腿向前。

正常的行走，脚印应是正对前方，保持膝关节和脚尖正对前进的方向；行走中的步迹要成为一条线或两条平行线。

1. 一般走姿

(1) 方向明确。

在行走时，必须保持明确的行进方向，尽可能地使自己犹如在直线上行走，不突然转向，更忌讳突然大转身。

(2) 步幅适中。

一般而言，行进时迈出的步幅与本人一只脚的长度相近，即男士每步约 40 厘米，女士每步约 30 厘米。

(3) 速度均匀。

在正常情况下，男士每分钟走 108～110 步，女士每分钟走 118～120 步，不突然加速或减速。

(4) 重心放准。

行进时身体向前微倾，重心落在前脚掌上。

(5) 身体协调。

走动时要脚跟首先着地，膝盖在脚步落地时应当伸直，腰部要成为移轴线，双臂在身体两侧一前一后地自然摆动，摆幅 30°～35°，不要左右横摆。

(6) 体态优美。

做到昂首挺胸，步伐轻松而矫健。

最重要的是，行走时两眼平视前方，挺胸收腹，直起腰背，伸直腿部。方向明确，抬头，不晃肩摇头，两臂摆动自然，两腿直而不僵，步伐从容，步态平稳，步幅适中均匀，两脚落地成两条直线。

男士协调、稳重、刚毅；女士轻松、敏捷、优雅。

2. 行走礼仪

(1) 靠右侧通行。

在办公区、公共场合都要靠右侧行走，把左侧让给迎面而来或有急事的人。

(2) 男士走外侧。

当男女一起走在路上时，男士应该走在外侧，因为人行道外侧靠近马路，车子来来往往的地方总是比较危险的，为了显示男士的风度，履行保护女士的义务，一定要让女士走在内侧。

(3) 不可冲撞他人。

遇有急事可加快步伐，切勿慌张奔跑、冲撞别人。

(4) 不要从交谈者中间穿行。

《礼记·曲礼上》中说："离立者，不出中间。"意思是有二人并行立着，不要从他们中间穿过。

(5) 不可多人并排而行。

与其他人并列行走，不可并肩同行，不可嬉戏打闹，不可闲聊。走在人行道上时，如果马路较窄，不可多人并排走，可以两人一排，靠右侧行走。

(6) 反向而行的礼仪。

与同事反向而行时，要靠右侧行走，离对方有 2 米处时，应放慢速度，与对方打招呼。

小贴士

服务行业的工作人员在与客人交会时，应暂停行进，面带微笑躬身 15°～30°，眼看下方，并致以问候“您好”，切忌边走边看边躬身。

空间小的地方，要侧身正面对着客人，让客人通过后再前行。

与客人同向而行时，尽量不超过客人；必须超过时，要先道歉后超越再道谢。

3. 陪同客人的礼仪

引领客人时，位于客人左侧前 2～3 步(1～1.5 米)，按客人的速度行进，不可过快或过慢，不时用手势指引方向，招呼客人。

(1) 及时关照提醒。

在嘉宾不熟悉前行方向时，不应该请嘉宾先行，或让嘉宾走在外侧。陪同引导时，经过拐角、楼梯、地面湿滑的地方，一定要提醒嘉宾留意。

(2) 采用正确的体态。

陪同、引导嘉宾时，注意体态要规范、优雅。比如，请对方开始行进时，应面向对方，微微欠身；在行进中与对方交谈或答复对方提问时，头部和上身应转向对方。

(3) 引导嘉宾上下楼梯时的礼仪。

上楼或下楼时，上体均应保持直挺，且靠右行，勿低头看梯，双眼应平视正前方。落脚要轻，重心一般位于前脚的脚前部，以求平稳。

坚持“右上左下”的原则，以方便对面上下楼梯的其他人。上楼梯时应请嘉宾先行(如果女嘉宾着裙装，则引领者先行)，下楼梯时引领者先行。让嘉宾走在靠近楼梯栏杆的一侧，引领者应在靠近墙壁的一侧行走。引领者与嘉宾的距离以相差 1 级阶梯为宜。

(4) 引导嘉宾进出电梯时的礼仪。

乘无值班员的电梯时，引领者先进后出，以便为嘉宾控制电梯。乘有值班员的电梯时，引领者应当后进后出。在电梯内，只要空间许可，应与嘉宾保持 30 厘米左右的距离。

4. 变向行走的礼仪

(1) 后退。

先面向对方退几步，再转身离去。通常面向他人至少后退两三步。对交往对象越尊重，后退的步子越多。后退时步幅宜小，脚宜轻擦地面，转体时应身体先转头后转。

(2) 侧行。

当与同向行走的人交谈时，上身应正面转向交谈对象，身体与对方保持一定距离。与他人狭路相遇时，应两肩一前一后，胸部正面转向对方，不可背对对方。

(3) 前行转身。

在向前行进时，如果要转身行走，应该注意以下两种情况。

一是前行右转。以左脚掌为轴心，在左脚落地时向右转体 90°，同时迈出右脚。

二是前行左转。与前行右转相反，在前行中向左转身，以右脚掌为轴心，右脚落地时，向左转体 90°，同时迈出左脚。

(4) 后退转身。

一是后退右转。先退行几步，然后以左脚掌为轴心，向右转体 90°，同时向右迈出右脚。

二是后退左转。先退行几步，然后以右脚掌为轴心，向左转体 90°，同时向左迈出左脚。

小贴士

行走禁忌

忌讳两脚呈内“八”字或外“八”字、弯腰弓背、摇头晃脑，两肩大幅度摇摆，扭腰摆臀、左顾右盼，更不能用脚蹭地面或将手插在裤兜里。

忌讳边走边吃、抢行或横冲直撞。

忌讳在公共场合两人勾肩搭背、搂搂抱抱等。

忌女性行走男性化，男性行走女性化。

5. 行走的训练方法

(1) 要练习腰部力量。行走属于动态美，是全身协调性运动，其中腰部的控制力是至关重要的。练习时，双手固定于腰部，脚背绷直，踮脚正步行走，不需要额外找场地、找时间，在家中随时都可以练习。

(2) 良好身姿还体现在背部。脊背是行进中最美妙的音符，因此要练习脊背和脖颈的优雅。头顶上放一本书走路，保持脊背伸展、头正、颈直、目平，起步行走时，身体略前倾，身体的重心始终落于行进在前边的脚掌上，前边的脚落地、后边的脚离地的瞬间，膝盖要伸直，脚落下时再放松。

(3) 要练习脚步，内“八”字和外“八”字绝对是不可取的。在地上画一条直线或利用地板的缝隙练习，两脚内缘的着力点力求落在直线两侧，通过不断的练习，保持好行走的轨迹和稳定性。

(4) 要进行全身的协调性训练，使行走中身体的每一个部分都能呈现律动之美。步伐要矫健、轻盈，富有稳定的节奏感。

小贴士

有很多女性坐轿车时，一只脚先进入轿车，然后猫腰、撅臀，很不雅观。

女性正确的坐车动作有两种：

第一种，站到座位边，背对座位，先坐到座位上，然后双腿一起进入车里。这里最需要注意的是，两膝一定要并拢。

第二种与第一种的差异是，双脚无法一起收进车里时，可一只脚轻挪进入，然后另一只脚迅速跟进车里，前提是两膝盖始终要并拢。

四、蹲姿

蹲是每个人经常会使用到的一个肢体动作，但什么时候可以蹲、应该怎么蹲，却不是每个人都能恰当掌握的。

案例分享

张女士的宝宝已经8个月了，初为人母的她，对孩子抱有很高的期望，不想让孩子输在起跑线上，在一番思考下，决定为孩子寻找适合的亲子班。

当她接到一个亲子园的试听邀请后，便毫不犹豫地带着孩子去了。说是视听课，其实是一个宣讲和娱乐活动。其实，六七个月的孩子已经开始有些认生，但奇怪的是他们大多能够和老师们愉快相处，并不曾过多地表现出初去一个地方的烦躁和不安。也许是因为老师们热情的笑脸，也许是因为老师们亲切的语言，也许是因为老师们色彩鲜艳的服装，也许是因为活动室随处可见的卡通图案，反正孩子们爬得很开心、很尽兴。

张女士还发现这些亲子班的老师们都是趴在地上与每位孩子交流，与孩子抛球或是嬉闹，孩子的眼中就不再是一双双枯燥的大腿，而是一张张生动的笑脸。他们与老师们目光相对，老师眼中的喜爱和关切他们当然读得懂，所以，片刻的陌生感之后，他们很快就能投入到游玩当中。

看到孩子从最初的陌生，到慢慢融入，张女士发现与孩子也更亲了一步，当下决定报该亲子班。

很多时候，人们之间的交往出现障碍，其实并非原则问题或有多么大的分歧，有时仅仅是因为采用的方式不当。我们抱怨现在的人际关系太复杂，人际交往成本太高，殊不知让彼此心存芥蒂或是产生误会的仅仅是一个手势或一句话，看似简单，却内藏玄机。

在工作场合见到坐轮椅的人或是小朋友，如果能够蹲下和他们讲话，对他们而言就是巨大的尊重，没有什么比获得重视更令人欣慰的了。如果是一些涉及对方尊严的语言，或是一些比较私密的信息，工作人员能俯下身讲给坐着的人听，这对坐着的人就是一种体贴和关怀。

1. 正确的蹲姿

正确的蹲姿应该是：当要下蹲取物时，不要低头弓背，上体尽量保持正直，两腿合力支撑身体，屈膝靠紧，慢慢下蹲。举止应自然、得体、大方、不造作，才能体现出蹲姿的优美。

蹲姿一般以下列两种方式为宜。

(1) 交叉式蹲姿。

右(左)脚在前，左(右)脚在后；右(左)小腿垂直于地面，全脚掌着地，左(右)腿在后与右(左)腿交叉重叠，左(右)膝由后面伸向右(左)侧；左(右)脚跟抬起，前脚掌着地；两腿前后靠紧，合力支撑身体；臀部向下，上身稍前倾。

(2) 高低式蹲姿。

下蹲时左(右)脚在前，右(左)腿稍后(不重叠)，两腿靠紧向下蹲；重心在右脚，上身挺直，目视前方，直起直落，不要出现弯腰驼背的现象。

2. 蹲姿练习方法

蹲姿的练习方法是在站姿的基础上，右脚后退一小步，两腿靠紧，保持脊背挺直，下蹲，左腿高、右腿低，再将左手放在左腿上，右手拾取地上的物品，然后小腿和脚用力，平稳起身。需拾取物品时，如果物品在身体左侧，则在站姿的基础上，左脚后退一小步，两腿靠紧，保持脊背挺直，下蹲，右腿高、左腿低，再将右手放在右腿上，左手拾取地上的物品，然后小腿和脚用力，平稳起身。

3. 蹲姿礼仪

(1) 蹲下的时候，目光要先有所示意，千万不要唐突蹲下，令对方不知所措。在下蹲的时候动作应该保持一贯的频率，不能生硬下蹲。

(2) 如果是捡拾物品，就要站在需拿取物品的旁边，然后屈膝下蹲，物品在哪一侧，就将哪一侧的腿放低，用这边的手去拾拿物品，另一侧的手放在同侧的膝盖上。但捡拿物品的时候不要低头弓背，下蹲的时候要保持腰部的控制力，不要弓下腰，因为这样上衣会自然上提，如果露出腰部的皮肤则非常难堪，两腿应合力支撑身体，保持好总体的重心，臀部不能向上翘起，防止走光，也避免这样不雅的造型。

案例分享

孙小姐听说某品牌的空调质量和售后服务都非常好，便选择该家品牌，当安装人员来上门服务时，她有些愕然，因为来的是没有穿制服的陌生男士，让她感觉没有安全感。在经过一系列提问、查验证件等环节后，她才把半开的门完全打开，请对方进来。

空调安装需要拿仪器测量后打孔，安装人员一会儿上爬一会儿下蹲，孙小姐几次想要帮忙，视线却无从投射，因为工作人员穿着低腰牛仔裤，蹲着工作时，不但露出了内裤的边缘，甚至露出了很大一片臀部皮肤，她站在后面十分尴尬。当让她帮忙确定打孔位置时，她的脸变得通红，因为她的视线无法越过对方的臀部直接投射到墙壁上。终于，空调装好了，孙小姐的心跳才略微平静一些。整个装机过程对于她而言始终是小心、戒备的，一刻不敢放松。

作为一个职业人士，不穿工装上门服务本就容易使客户产生怀疑，而穿着低腰牛仔裤工作更是有伤大雅，当然也会影响公司的形象，甚至影响客户对品牌的信赖感。

虽然高低式蹲姿，两膝不能完全并拢，但女士的两腿要尽力并紧，穿着旗袍或职业短裙时需要格外注意双腿之间不留空间，并且下蹲时要避免双腿面向对方，采取侧向对方的角度。

在由蹲姿变为站姿的时候，不要用手撑着大腿站起，给人以疲惫拖沓的印象，而是轻松自然起身，即便需要腿部借力也应该从容地、隐蔽地撑腿用力，而不是用幅度较大的明显方式来借力。

如果因为需要拾取物品等下蹲，待完成后应尽快起身，长时间蹲在地上是不雅观的，尤其是蹲在地上休息更是不可取的。

小贴士

蹲下时，速度切勿过快，应与他人保持一定的距离。

不可正面面对他人或者背部对着他人蹲下。

身着裙装的女性，要注意两膝并拢。

五、递物

递交物品三原则：安全、便利、尊重。

若递刀、笔给他人，就必须“授人以柄”。不要把刀尖、笔尖对着他人递过去，要令人有安全感，并使对方很方便地接住，还要等对方接稳后才能松手，这就是尊重他人的表现。

端茶递水时要双手递上，注意不要溅湿他人；要讲究卫生，捧茶杯的手不要触及杯口上沿。

若递交书本、文件，也要尽量双手递上，让文字正向朝着对方。

递交物品时一般要求和颜悦色，并说“请收好”之类的礼貌语，还要注意目光的交流，双方最好处于平视状态，尽量避免俯视时的傲慢、施舍之意或仰视时的畏惧、讨好之态。

知识链接

人与人之间的距离

✧ 私人距离：距离小于0.5米。它仅适用于家人、恋人与至交，又称亲密距离。

✧ 社交距离：大于0.5米，小于1.5米。它适合于一般性的交际应酬，又称常规距离。

✧ 礼仪距离：大于1.5米，小于3米。它适用于会议、演讲、庆典、仪式以及接见，意在向交往对象表示敬意，又称敬人距离。

✧ 公共距离：距离在3米开外，适用于在公共场所同陌生人相处，又称距离的距离。

2.4　表情礼仪

构成表情的两个主要因素：笑容和目光。

一、微笑

微笑是指用不出声的笑来传递信息的表情语。在公共关系中，微笑被称为“世界语”，一般人们用微笑来表示友好、愉悦、欢欣、请求，也用微笑来表示歉意、拒绝、否定。微笑是表情中最能赋予人好感、增加友善和沟通、愉悦心情的表现方式。

微笑是一种国际礼仪，它体现了人类最真诚的相互尊重与亲近。微笑也是最基本的礼仪，它应伴随着我们度过工作和生活的每一刻。无论是对待客户、同事还是家人，甚至陌生人，都应保持微笑。

微笑是“诚于中，形于外”，因此，它应当是出自内心的、真诚的。

1. 微笑要做到“四要”“四不要”

(1)“四要”。

第一，要口眼鼻眉肌结合，要发自内心地笑。

第二，要神情结合，显出气质。

第三，要声情并茂，注意场合。

第四，要与仪表举止的美和谐一致。

(2) “四不要”。

第一，不要缺乏诚意，强装笑脸。

第二，不要露出笑容，随即收起。

第三，不要为情绪左右而笑。

第四，不要把微笑只留给上级、朋友等少数人。

2. 微笑练习

(1) 树立微笑意识。

在开始微笑训练之前，首先要明确的就是为什么要微笑。其实，微笑一方面是让我们能更好地服务客户，另一方面是帮助我们疏散坏情绪。树立微笑意识，是开始微笑训练的基础。

(2) 顶书训练法。

很多人不明白为什么微笑训练要有一项顶书训练。其实，我们笑起来时，头会不自觉地有些上扬，容易被人误解为骄傲。低着头微笑，又让人觉得是在害羞，不够落落大方。因此，顶书训练可以让我们的头摆正，这样，微笑的时候气质就更好了。

(3) 含筷训练法。

这种方法是很多企业和公司用的方法，就是用牙齿咬住一根筷子微笑。此时，露出的牙齿数量和嘴巴微笑的弧度刚好，可得到很好的训练效果。

(4) 对镜自揽法。

对镜自揽法就是自己照镜子训练。对着镜子，微笑的弧度、露出的牙齿数量、眼睛有没有上扬等，一目了然。当然，采用这个方法的前提就是我们知道微笑的标准是什么。

(5) 回想快乐事情法。

很多人担心自己笑不出来，可以回想一下记忆中的快乐的事情。想到这些美好的事情，嘴角自然就会上扬等，一个漂亮的微笑就出来了。

(6) 相互评价法。

这个方法实际上和对镜自揽法是一样的，其他同事或者朋友能从旁观者的角度帮我们迅速找到问题所在。这实际上是一个非常好的训练方法，因为我们的微笑别人看得见，自己看不见，相互评价能让大家的微笑训练都更快得到提升。

二、目光

目光是运用眼神来传递信息、表达感情、参与交际的语言形式。采用目光交流时要注意眼睛注视的部位、角度和时间。

1. 眼睛注视的部位

公务的注视：双眼或是双眼与额头之间的区域，表示严肃、认真、公事公办。

社交的注视：双眼到唇心这个三角区域，表示礼貌、舒适。

亲密的注视：双眼到胸部第二组纽扣之间的区域，表示亲近、友善。

2. 注视的角度

平视：用在普通场合，以及与身份、地位相等的人交往时。

仰视：主动居于低处，表示尊重、敬畏对方。

俯视：可表示对晚辈的宽容，也可表示轻视、傲慢。

3. 注视的时间

经研究表明，交谈时目光接触对方脸部的时间宜占谈话时间的30%～60%。超过这一时限，可认为对对方本人比对谈话内容更感兴趣；低于这一时限，则表示对谈话内容和对方都不怎么感兴趣。

礼仪“三到”包括眼到、口到、意到，其中，眼到是指要有目光的交流，注视别人时目光应友善，采用平视，必要的时候仰视，与人目光交流时间为3～5秒，其他时间看嘴巴和眼部中间的位置，注视对方的时间是与对方相处时间的三分之一。

小贴士

不当眼神

✧ 别人说错话或拘谨不安时仍直视对方。
✧ 与多人共处时，只注视着某一个人。
✧ 反复上下打量他人尤其是陌生异性。
✧ 与人见面不是正视对方而是俯视。
✧ 与人谈话时闭上双眼。
✧ 频繁眨眼，快速转动眼球或挤眉弄眼，给他人留下轻浮、不稳重的印象。

4. 眼神训练方法

(1) 睁大眼睛训练。

有意识地练习睁大眼睛，重复多次，以增强眼部周围肌肉的力量。

(2) 转动眼球训练。

头部保持稳定，眼球尽最大的努力向四周做顺时针和逆时针360°转动，增强眼球的灵活性。

(3) 视点集中训练。

点上一支蜡烛，视点集中在蜡烛火苗上，并随其而动。这样坚持训练，可使得目光集中、有神，眼球转动灵活。

(4) 目光集中训练。

眼睛盯住前方3米左右处的某一物体，先看外形，逐步缩小范围到物体的某部分，再到某一点，再到局部，再到整体。这样可以提高眼睛明亮度，使眼睛有神。

(5) 影视观察训练。

观看录像资料，注意观察和体会优秀影视剧中的演员和节目主持人是如何通过眼神表达内心情感的。

案例分析

小森的困惑

小森是通信公司的一名员工，他热情开朗、认真负责，工作态度受到很多人的肯定。去年春天，由于下大雨，网络出现故障，小森和同事们连续诊断几个小时，终于找出了问题。小森正准备休息一下，突然接到客户的电话，说他家的网络有故障，希望小森能赶紧过去帮他维修。听完客户的要求，小森急急忙忙赶往客户家中。来到客户家门口，小森才发现自己的衣服已经泥渍斑斑，而且袖子还划了几个洞，小森看了看，没有太在意，按响了客户家的门铃，并表明了自己的来意。可是客户并没有开门，找借口说家中有事情不方便。小森十分困惑，不知是什么原因使客户的态度发生了变化。

你能帮助小森找找原因吗?

2.5 手势礼仪

手势是在日常交际中经常用到的一种姿态，能够传达丰富的内涵。

一、手拿物品动作要领

在办公室内，手拿物品时要拿稳，尽量做到轻拿轻放，避免在拿物品时手势过于夸张。为其他人递送食品时，注意不要把手指搭在杯、碟、盘边。

二、递接物品动作要领

1. 双手递送(或右手递送)

双手递物是最好的，如果不方便用双手，应采用右手递送。用左手传递物品通常被视为失礼之举。

2. 方便接拿

在递送物品时，应为对方留出接取物品的地方。如果传递的是带有文字的物品，必须把物品的正面朝向对方，以方便对方接过后阅读。

三、递送带尖、刃的物品

递送带尖、带刃、容易伤人的物品时，不要把尖、刃直指对方，应使尖、刃朝向自己，或是朝向其他方向。

比如，递送文件、名片时双手递接，文件、名片正向对方；递送伞、包时注视对方，将伞、包的把手给对方；递送笔、刀、剪时，笔、刀、剪的尖端朝自己或外侧；递送水杯时，一手托底，一手握把，杯把朝向客人右手，纸杯握下三分之一处，离口部稍远些；递送饮料时，饮料商标朝客人，一手托底，一手握瓶身距瓶口三分之一处，放在客人右手边，退后一步，欠身轻声说“请慢用”。

四、引导手势动作要领

为客人或嘉宾指示方向时，以肘关节为轴，大小臂弯曲 140°左右，手掌与地面基本上成 45°，引领的手势不宜过多，动作不宜过大，但要让对方能看见。

指示方向时，上身稍向前倾，面带微笑，自己的眼睛看着目标方向，并兼顾客人是否意会到目标。

以下是常用的几种引导手势。

(1) 横摆式。

横摆式是用于“请进”时的手势。

动作：手从体前向右横摆到与腰同高，眼睛看向手指的方向。

(2) 斜摆式。

斜摆式是用于“请坐”时的手势。

动作：一只手由前抬起，再以肘关节为轴，前臂向右下，到与大腿中部齐高，上身前倾，目光兼顾客人和椅子。座位在哪里，手就应指到哪里。

(3) 直臂式。

直臂式是专业引导手势，适用于给对方指引方向，如“请往前走”“请您这边走”。

动作：手臂伸直与肩同高，掌心向上，与地面形成 45°角，朝指示的方向伸出前臂。

(4) 双臂式。

双臂式适用于面对多人时，做“诸位请”的手势。

动作：双手从身体前向两侧抬起，再以肘关节为轴，与胸同高，上身略微前倾。

五、举手致意操作规范

工作繁忙而无法向对方问候时，可向其举手致意，要点如下。

(1) 面向对方。

举手致意时，身体直立，面向对方，面带微笑。

(2) 手臂上伸。

致意时，手臂应自下而上向侧上方伸出，手臂既可略有弯曲，也可全部伸直。

(3) 掌心向外。

致意时掌心向外，五指并拢，指尖向上。

六、挥手道别操作规范

身体站直，用右手或双手。手臂应向前平伸，与肩同高。注意手臂不要伸得太低或过分弯曲。

掌心朝向客人，指尖同上，否则是不礼貌的。手臂向左右两侧挥动。若使用双手，挥动的幅度应大些，以显示热情。

挥手道别时，目视对方，直至对方在视线范围内消失，否则会被对方误解为他是“不速之客”。

七、不同手势的含义

1. “OK”形手势

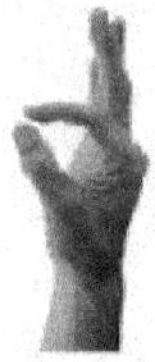

在中国表示数字“0”或“3”；在英美国家表示“赞同”；在法国表示“没有”或“毫无意义”；在日本代表“现金”；在地中海国家暗示一个男性是同性恋。

2. “V”形手势

在中国代表数字“2”；在英国、澳大利亚、新西兰、美国等国家代表“胜利”。现在全球很多国家都喜欢用此手势，但一定要注意，掌心一定要向外，才是胜利的意思，如果掌心向内，则是一种侮辱人的意思。

3. 跷起大拇指

在中国表示“了不起”“很好”，有赞扬的意思；但在英国、新西兰、澳大利亚等国家表示搭车。

4. 忌讳

(1) 忌用食指指人。食指只能指物，不可指人，因为食指指人具有攻击性。

(2) 忌掌心朝上，用手指或仅用食指招呼人。

拓展阅读

汉服基本礼仪

1. 立容

贾子曰：固颐正视，平肩正背，臂如抱鼓。足闲二寸，端面摄缨。端股整足，体不摇肘，曰经立；因以微磬曰共立；因以磬折曰肃立；因以垂佩曰卑立。

经立时正身、平视，两手相合，掩在袖子里。手从胸口到下腹，放在任何位置都行，甚至持着、拄着东西也行。

2. 坐容

贾子曰：坐以经立之容，胻不差而足不跌，视平衡曰经坐，微俯视尊者之膝曰共坐，仰首视不出寻常之内曰肃坐，废首低肘曰卑坐。

汉代的经坐(这在古人就叫“坐”，现在为了区分，专称“雅坐”)是膝盖并紧，臀部坐在脚跟上，脚背贴地，双手放在膝盖上，目视前方。

3. 行礼

(1) 正规揖礼：左手压右手(女子右手压左手)，手藏在袖子里，举手加额，鞠躬九十度，然后起身，同时手随着再次齐眉，然后手放下。

(2) 一般揖礼：直立，两臂合拢向前伸直，右手微曲，左手附其上，两臂自额头下移至胸，同时上身鞠躬四十五度。

本章小结

(1) 干净整洁是对服务人员仪容礼仪的基本要求。服务人员平时一定要养成良好的卫生习惯，给客户留下良好的印象。

(2) 一个人的外表容貌和行为举止其实不仅仅体现美感，更重要的是能够体现一个人的道德修养、文化水平、职业态度等。

(3) 恰当的举止常常能带给客户积极美好的暗示。

(4) 优雅得体的仪态展现的是一个人由内而外的那种雅致的生活状态、良好的文化修养和云淡风轻的坦然心境。

(5) 对于服务型企业而言，愉悦的表情无疑是最好的服务手段之一，它远胜过那些苍白、重复的语言，因为视觉的影响力在人际交往中是极重要的。

(6) 微笑在服务场合始终传递着温暖、积极、友好的信息。

(7) 在人际交往中，一个人的眼神很重要。当我们与人交流时，首先从看着对方的眼睛开始，但注意的方式也很重要。

练习题

1. 阅读以下案例后回答问题。

小亮因为下午两点要接待一名重要客户，中午在单位食堂吃饭。因为小亮爱吃蒜，中午食堂刚好又有蒜泥蒸茄子，小亮开心得吃了好几份。下午客户如约而来，小亮坐在客户旁边和客户谈话，没说几句，客户就面露不悦，匆匆告辞了。

请思考：客户可能会因为什么原因匆匆离去？

2. 阅读以下案例后回答问题。

何小姐打算去一家理发店剪头发，将她留了很多年的长发剪短。她很少进理发店，这次也是考虑再三，才决定来这家理发店的。刚进门，发现里面所有的理发师都身着西装，造型和状态都显得比较专业。

这里的员工称呼非常有趣，每个人都有独特的称呼。其中，理发师称为“大叔”，洗发的员工被称为“小鲜肉”。一进门，迎宾人员问她让谁剪发，这使她有些迷茫，迎宾人员积极推荐，确定由“大叔3号”和“小鲜肉5号”为她服务。

没想到从开始洗发，何小姐就在“小鲜肉5号”滔滔不绝的劝说下先做了一个头发护理再剪发。坐上椅子，“大叔3号”又开始了劝说，全然没有剪发之意，一直在转悠和缓慢地梳理头发，身体也一直倚靠在椅子上，看上去似乎她不答应做个发膜就没办法开始剪发。何小姐实在无奈了，只好答应做个发膜，闻听此言，“大叔3号”立马精神了，这让何小姐十分反感。

请思考：何小姐为什么感到不满？如果你是理发店的员工，在与客户交流中应采取怎样的站姿？

第 3 章

交际礼仪规范

学 习 目 标

- 了解和掌握在交际场合中应遵守的礼仪规范，充分认识交际礼仪的重要性。
- 了解公共场合的基本礼仪，提升个人修养，让礼仪成为一种习惯。

3.1 会 面 礼 仪

与人见面，首先向别人伸出友谊之手，因为这是尊重对方的表现。一个热情的握手，或是一个恰当的拥抱，伴以坦然的目光和发自内心的微笑，有效的社交活动由此开始。

会面礼仪是日常社交礼仪中最常用、最基础的礼仪，人与人之间的交往都要用到会面礼仪，特别是从事服务行业的人，掌握一些会面礼仪，能给客户留下良好的第一印象。在正式的交往中，会面礼仪大致上包括称呼、握手、鞠躬、拥抱、亲吻、拱手、合十、抚胸、介绍、名片礼仪等。

一、称呼礼仪

在人际交往中，称呼别人是很有讲究的。得体的称呼使人感到亲切，交往就有一定的基础。不称呼或乱称呼对方，都会给对方带来不快，让双方陷于尴尬的境地。所以，清楚如何称呼对方，非常有必要。

1. 称呼的一般种类

(1) 职务性称呼：以交往对象的职务相称，以示身份有别、敬意有加。这是一种最常见的称呼，有三种情况：直接称职务、在职务前加上姓氏或在职务前加上姓名，例如，“董事长”“叶总经理”“叶小军总经理”等。

(2) 职称性称呼：对于具有职称者，尤其有高级、中级职称者，在工作中直接称呼其职称。称职称时可以只称职称，也可在职称前加上姓氏或姓名。例如，“教授”“陈总工程师”“吴海教授”等。

(3) 行业性称呼：在工作中，为了表达对于从事某些特定行业的人的尊重，可直接称呼对方的职业，如老师、医生、会计、律师等，也可以在职业前加上姓氏、姓名，例如“韩老师”“黄医生”“孙会计”等。

(4) 泛尊称：对于从事商界、服务性行业的人，一般约定俗成地按性别分别称呼“小姐”“夫人”“女士”或“先生”。“小姐”是对未婚女性的称呼；“夫人”是对已婚女性的称呼；“女士”是对已婚女性或不明确婚否者的称呼。在此种称呼前，可加姓氏或姓名，如“张女士”“吴志杰先生”。

(5) 姓名性称呼：称呼姓名，适用于同事、朋友、熟人之间。称呼时可以直呼其姓名，但要在姓前加上“老”“大”“小”等前缀；或只称其名，不呼其姓。

2. 服务过程中不适当的称呼

(1) 没有称呼。在服务过程中不称呼对方就直接开始谈话是非常失礼的行为。

(2) 不适合的称呼。如“兄弟”“姐们儿”等称呼不适宜在正式的服务场合使用，因为会显得使用这种称呼的人缺乏修养。

(3) 不雅的称呼。如“瘦猴”“胖子”等。

案例分享

有几名外地人，想参观湖南长沙的烈士公园，但不知道怎么走。正当这几名外地人焦虑不安时，前面正好有一位年轻女士，他们连忙上去问路：“这位小姐，请问烈士公园该往哪里去呢？”那名年轻女士很生气地回答：“不知道。”这几名外地人都愣住了，不知道自己哪儿惹怒了这位女士。后来他们才清楚，“小姐”这个词存在一些贬义，当地人称呼女性时一般不称呼“小姐”。

二、握手礼仪

握手，是见面时最常见的礼节。因为不懂握手的规则而遭遇尴尬的场面，是谁也不愿意遇到的。行握手礼是一个并不复杂却十分微妙的问题。作为一个细节性的礼仪动作，做得好，好像没有什么显著的积极效果；做得不好，却有很大的负面效果。

案例分享

李明是某公司的经理，有一天，他被邀请参加合作公司举办的晚宴。在宴会上，李明被朋友介绍给一位张女士，为了表示友好，他先把手伸出去同对方握手，可是那位张女士毫无反应，还在与一旁的朋友说说笑笑。李明觉得非常尴尬，但是又不好意思收回来，撑了 10 多秒，张女士还是一点没有跟他握手的意思，后来他一着急，说：“有蚊子！”并做出打蚊子的动作。

1. 握手礼的起源

握手礼起源于远古时代，那时人们主要以打猎为生，手中持有棍棒或石块作为防卫武器。陌生人相见，若没有恶意，双方都放下手中的石块，摊开双手，互摸对方的手掌心，以示手中没有武器，表示友好，久而久之就演变成了握手礼节。

2. 握手的姿势

行握手礼时，通常距离握手对象一步左右的距离。伸出右手，手掌略向前下方伸直，四指并拢，拇指张开，肘关节微屈抬至腰部，与对方右手相握，双方互握住对方的手掌大部分。被握住的部分，应大体上包括自手指至虎口。握手时，要上下轻摇，幅度不可太大，要适可而止。同时，注意上身稍向前倾、面带微笑、注视对方，并伴有问候性语言。

握手礼的动作要领如下：

伸出右手，虎口朝上。

四指并拢，掌心向内。

与腰齐平，微微欠身。

注视对方，面带微笑。

深情一握，上下轻摇。

3. 握手礼的基本要求

要行好握手礼，一般要求做到以下几点。

(1) 讲究握手的主动权。

握手的主动权就是由谁来决定双方有无握手的必要。一般情况下，握手的主动权掌握在长辈、女士、已婚者、职位高者手中，也就说当长辈、女士、已婚者、职位高者伸出手之后，晚辈、男士、未婚者、职位低者方可伸手去呼应。在公务场合，握手的主动权主要取决于职位、身份。

▩ 商务场合。

判断握手主动权的顺序为：职位→主宾→年龄→性别→婚否。

上下级关系中，上级应先伸手，下级才能握手。

主宾关系中，主人宜先伸手，客人才能握手。

根据年龄判断时，年长者应主动伸手，年轻人才能握手。

根据性别判断时，女性宜主动伸手，男士才能握手。

根据婚姻状况判断时，已婚者应主动伸手，未婚者才能握手。

▩ 社交场合。

判断握手主动权的顺序为：性别→主宾→年龄→婚否→职位。

当然，关系密切的朋友之间，没有顺序的讲究。谁先伸手，表示谁更加热情和更有诚意。

当有客人来访，在送别客人时，如果双方要以握手相别，主人也应该等客人先伸手，避免由主人先伸手而产生逐客之嫌。

(2) 握手的细节。

无论双方的职位或年龄相差多大，都必须起身站直后再握手。忌坐着握手，这是不合乎礼仪的。

握手时上身应自然前倾，行 15° 欠身礼，手臂抬起的高度应适中。

握手必须使用右手，这是国际上普遍适用的原则。

握手时伸出的手掌应垂直于地面，忌手心向下或向上。握手时，双方应掌心相握，这样才是真诚、友好的体现。

异性握手时，男士轻握女士的四指即可。

同性之间握手，可以轻握对方的手掌心。

(3) 握手的时间要恰当。

与他人握手的时间不宜过长或过短。握手时间过短，给人以应付的感觉；握手时间过长，尤其是握住异性或初相识者的手时间过长，是失礼的表现。正常情况下，握手的时间应控制在 3～5 秒钟。如果老朋友意外相见，握手时间可适当加长，以表示不期而遇的喜悦或真诚，甚至可以边握手边寒暄，但一般也不要超过 20 秒。

(4) 握手的力度要适当。

在握手过程中，用力过重以致弄痛对方是失礼的，但用力过轻似乎又让对方感觉太敷衍了事。力度的大小，以不轻不重、能够传递自己的热情和真诚为好。

(5) 眼神。

在握手的过程中，假如你的眼神游离不定，对方会对你的心理稳定性产生怀疑，甚至认为你不够尊重对方，有失礼节。

(6) 微笑。

握手的同时给对方一个真诚的微笑，会使气氛更加融洽，使握手礼更加圆满。

总之，恰到好处的握手应是简短认真、热情有力的。两眼愉快地凝视对方，表达你的温和、友善和真诚。注意面部表情，绝大多数情况下应该面带微笑，但在严肃或者伤感的场合，就要相应地表现出严肃和伤感之情。

4. 握手的禁忌

(1) 交叉握手。有些国家的人比较忌讳交叉握手，认为交叉握手形成的“十字架”是凶兆的象征，会招来不幸。

(2) 左手握手。印度人认为，左手只适用于为自己洗浴或是去洗手间方便，只有右手才负有高雅的使命。

(3) 戴手套握手。一般不可戴着手套与人握手。女士虽被允许在交际场合戴网状或薄纱手套与别人握手，但摘下它未必有失身份，与长辈、嘉宾握手时更是如此。

(4) 手部不洁净。与对方握手之前，应该保持手部的洁净，手部粘着灰尘或黏液，以致把对方的手弄脏，都是对对方的不尊重。同时也应避免与他人握手之后用手帕擦手，这也是对对方的侮辱。

(5) 握手太久。有些人以为握手握得久就是很礼貌、很重视对方。其实这是不正确的。握到适合的时间就好，不要握着一直不放，特别对女士来说，握太久很不礼貌，也不够尊重。

(6) 半掩握手。很多初入社会的朋友都有自己握手的习惯，比如手不张开、半掩着。其实这个也不是很礼貌的行为。要么就不握手，握手就一定要整个手张开，以显尊重。

案例分析

陈明为某单位的销售经理，因为业务需要，前往某公司开展业务洽谈，接待他的是公司市场部的一位女主管。见面时，女主管热情地伸出右手，说："陈经理，你好！"陈明赶忙伸手相握，他手心向下，紧紧地握住女主管的手，并用力晃动。女主管面露惊异之色。之后，在业务洽谈过程中，女主管的热情都不高，对陈明的介绍兴趣寥寥，业务最终没谈成。

请问：(1) 陈明为何最终失败了？

(2) 在社交场合中，规范的握手应是怎样的？注意事项有哪些？

三、鞠躬礼仪

鞠躬起源于中国，是我国古代传统礼节之一。在先秦时代，两人见面时弯曲身体，表示谦逊恭敬，至今仍是人们见面表示恭敬、友好的一种人体语言。在大众场合，个体与群体交往时，个人不可能和许多人逐一握手，则以鞠躬代之，既恭敬，又节约时间。

鞠躬礼的含义是：降低自己的身高，以示对他人的尊敬和敬佩。它通常是晚辈对长辈、下级对上级，以及同级之间的见面礼节，在当代交际中普遍采用。

在日本，鞠躬礼是与人见面时常用的礼节。鞠躬时，双臂应下垂，手放膝前，距受礼者两三步之远，面对受礼者呈立正姿势，面带微笑；目视前方，并根据施礼对象和场合决定鞠躬的度数。一般来说，迎宾为15°，送客或表示恳切之意为30°，表示感谢为60°，90°鞠躬常用于悔过、谢罪等特殊情况。

在中国，鞠躬礼大多用于举行婚礼、悼念活动、接待外宾、演员谢幕以及领奖、演讲时。在问候"您好""早上好""欢迎光临"，以及遇到领导、同事、长辈时都可行鞠躬礼。中国的鞠躬礼具体礼节有以下几点。

(1) 行鞠躬礼时，须脱帽，立正，面带笑容，目视受礼者。

(2) 男士双手自然下垂，贴放于身体两侧裤线处。

(3) 女士的双手下垂搭放在腹前。上身前倾弯腰，弯腰幅度可根据施礼对象和场合决定，一般15°～30°。

(4) 以腰为轴向前俯身，视线随鞠躬自然下垂，动作不要太快，态度要诚恳，并且口中要相应地说一些相关的礼貌用语。

小贴士

15°鞠躬礼表示点头致意，用于问候、介绍、握手、递物、让座、让路、引导等。

30°鞠躬礼表示向对方敬礼，适用于对重要领导、客人、长辈等迎送问候。

45°鞠躬礼表示向对方深度敬礼，用于致歉或表示深深的感谢。

四、拥抱礼

拥抱礼是欧美各国的熟人、朋友之间表示亲密感情的一种礼节，也是各国领导人在外交场合中的见面礼节。

拥抱和亲吻一样也是通过身体某一部分的接触来表示尊敬和亲热。拥抱可以理解为缩短了距离的握手。

动作要领：施礼时，两人相距 20 厘米，相对而立，右臂偏上，左臂偏下，右手扶在对方的左后肩，左手环扶在对方的右后腰，彼此将胸部各向左倾，并且要紧紧拥抱，头部相贴。

根据不同的场合，拥抱礼分为热情拥抱(左—右—左)和礼节性拥抱(轻轻在左侧搂一搂)。

在俄罗斯，男性之间见面喜欢紧紧拥抱，称为“熊抱”。北美、欧洲的朋友及东方人，更喜欢温和地拥抱，伴随脸贴脸式的亲吻。

五、亲吻礼

在东欧、阿拉伯国家，亲吻礼是人们表达爱情、友情、尊敬或爱护的一种见面礼。

亲吻礼有以下几种。

1. 吻面颊

吻面颊多用于长辈同晚辈之间。

行礼时，长辈亲吻晚辈脸的一侧或两侧，晚辈可用双手抱长辈的颈部，亲吻长辈的额头。

关系亲近的女士和至亲好友之间也可吻面颊。

在遇喜事或悲伤时，一般也行亲吻礼，以示真诚的慰问。

2. 吻手

吻手是流行于欧美上层社会的一种礼节，起源于中世纪的欧洲。

在社交场合中，男士对尊贵的女士表示尊敬时，可亲吻女士的手背或手指。

在行此礼时，男士应走到女士面前，立正垂首致意。女士若将右臂微微抬起，则暗示男士可行吻手礼，这时，男士用右手或双手轻轻拉住女士指尖前端，并俯身弯腰，使自己的嘴唇象征性地去触及女士的手背或手指。

吻手时一定要稳重、自然、利索，不发出声音，不留痕迹，吻后抬头与对方微笑相视，再把手放下。

如果女士不将右臂抬起，则不行此礼。

行吻手礼时，若女士身份地位较高，男士要屈一膝作半跪式，再行此礼。

3. 吻唇

一般而言，吻唇仅限夫妻、恋人或情人之间。

4. 贴面

在异性、同性之间，也可采用贴面颊的礼节。

行礼时两人同时将面颊相贴，顺序为先右后左。

六、拱手礼

拱手，也称捧手，双手合抱举于胸前，立而不俯，表示恭敬。

合抱时，一般左手在外，右手在内；如遇凶丧，则右手在外，左手在内。

动作要领：右手握拳，左手在外；双手举至胸前，面带微笑，向行礼对象前后拱手。

七、合十礼

合十礼又称合掌礼，是信仰佛教的专用礼节，普遍流行于东南亚、南亚等国家。

动作要领：双手合十放于胸部正前方，五指并拢，指尖向上，手掌上端与鼻尖持平，双腿直立，上身微微欠身，低头，口诵祝词或慰问对方。

在向别人行礼时，自己合的双手举得越高，越能体现对对方的尊敬。但是不能高过头顶，因为只有行佛礼时，才将合十的双手举过头顶。

八、抚胸礼

所谓抚胸，指用手抚按于胸前，向他人表示恭敬之意。

在亚洲国家和欧美国家会经常用到这种礼节，比如升国旗、奏国歌时，经常行抚胸礼。

动作要领：眼睛一定要注视对方或看正前方，头正，态度庄重，右手掌心向内、指尖朝向左上方，轻轻地抚按在左胸上，以示恭敬。

有的国家，先行抚胸礼再与别人握手；还有的国家，抚胸礼与鞠躬礼同时使用。

小贴士

见面礼的运用一定要注意东西方文化的差异。

东方人不喜欢身体接触，所以有很多国家都习惯碰自己的身体来展示礼貌的动作，以示对对方的尊重。

西方人见面时，喜欢双方有恰当的身体接触，以示对对方的尊重，如握手、拥抱、亲吻等。

九、介绍礼仪

介绍是人与人之间初步认识的桥梁，也是社交中常用的礼节，有他人介绍和自我介绍，还有集体介绍，但都要体现礼貌。

1. 介绍次序

介绍次序与握手次序类似，通常是将地位低者介绍给地位高者；将年轻者介绍给年长者；将男性介绍给女性。此外，要将晚到者介绍给早到者；未婚者介绍给已婚者；自己的熟人介绍给客人。

2. 介绍姿态

介绍人应该站立在被介绍人中间，注意不挡住被介绍者双方的视线。五指并拢，掌心向上，大方指向被介绍者："您好，请允许我给你们介绍一下，这位是……"

在大众场合介绍时，被介绍的人应站起来，向大家致意，显示出想了解和结识对方的诚意。在一般场合，最好大家都站着，实在有所不便时，也可点头微笑或稍起欠身致意，以示礼貌。

被介绍后双方应该礼貌地握手，并伴随"认识您很高兴"或"请多指教"之类的话，表达认识对方的荣幸之情。

案例分析

(1) "这位是×××公司的人事部王主任，他可是实权派，路子宽、朋友多，需要帮忙可以找他。"

(2) 某综艺节目在每周六晚上的 8:30 开始。在节目开始时，主持人为观众介绍参加本次节目来宾时，说："观众朋友们，今晚本打算请一位非常具有影响力的天王巨星杰克里，但是他太忙没有时间。"观众席一阵嘘声。"但是不用担心，后来我们又联系了另外一位音乐天才艾克斯，但是由于档期的问题没有来到现场。"观众席再次响起一阵嘘声。"最后，我们试图将歌坛新星琼思请来，她今天刚好有时间参加，所以我们热烈欢迎琼思。"观众席响起一阵掌声。

(3) "我给各位介绍一下，这小子是我的铁哥们儿，开小车的，我们管他叫狗蛋。"

分析：

(1) 以上介绍各存在什么问题？

(2) 在交际场合中进行介绍应注意哪些环节？

3. 自我介绍

在向别人进行自我介绍时，应自然大方、有自信，语句简明扼要、实事求是。一般情况下，先以微笑点头向对方示意或应先说声"您好""大家好"，来提请对方注意，然后自报姓名和身份。若有必要，还可以递上名片，以加深印象。

自我介绍的方式包括简洁式、工作式、沟通式、礼仪式、问答式等。

(1) 简洁式。

内容：自己的姓名。例如："您好，我叫××，很高兴认识您！"

简洁式适用于一般社交场合，比如在宴会上、旅途中、聚会时等，与对方属于一般性接触。

(2) 工作式。

内容：姓名＋工作单位＋职务(若没有职务，可介绍从事的具体工作)。例如："您好，我叫××，是××公司营销部经理。""您好，我叫×××，现在在××大学中文系教古汉语。"

工作式适用于商务工作的介绍，因工作而交友。

(3) 沟通式。

内容：姓名＋籍贯(或学历)＋兴趣(或介绍一下与交流对象的某位熟人的关系)。例如："你好！我叫××，湖南长沙人。毕业于××大学，中文系 08 级的，我和你的姐姐是高中同学。”“你好！我叫××，听说你爱好摄影，我也很喜欢。”

沟通式适用于希望对方认识自己、了解自己，与对方进一步交流与沟通的场合。

(4) 礼仪式。

内容：姓名＋单位＋职务＋敬语。例如：“大家好，我叫×××，是××大学礼仪老师，很高兴大家来参加这次××服务礼仪的讲座！”

礼仪式适用于演出、报告、讲座等。

(5) 问答式。

内容：问什么答什么。例如，问：“您好！请问我该如何称呼您？”答：“你好！我叫×××。”或主考官问：“能否简单介绍一下你的基本情况？”答：“各位好！我叫××。来自广东，现年 27 岁。毕业于××大学××专业，获××硕士学位。毕业后，在××公司工作了 2 年，担任市场开发部经理。”

问答式适用于应聘或公务往来。

注意事项：

第一，注意时间。自我介绍时一定要力求简洁，尽量节省时间，在适当的时间进行。

第二，讲究态度。进行自我介绍时，态度要自然、友善、亲切、随和。一定要充满信心和勇气，语气要自然，语速要正常，语音要清晰。

第三，实事求是。自我介绍时所表述的各项内容一定要实事求是，真实可信。

小贴士

自我介绍要掌握好时机

适当的时机应该是：对方空闲的时候、对方情绪好的时候、对方有兴趣的时候、对方主动要求的时候。

不恰当的时机：对方正在忙、心情不好、用餐或与他人交流时。

介绍时力求简洁，尽可能在半分钟内完成。

有的人介绍自己时东拉西扯、信口开河、夸夸其谈，这对自己而言是一种失态，对别人而言是一种失敬。为了节约时间，也可以在介绍自己的时候附上一张自己的名片。

4. 介绍他人

介绍他人又称第三者介绍，是经第三者为彼此不相识的双方引见、介绍的一种交际方式。介绍他人通常是双向的，即对被介绍者双方各自作一番介绍。有时也需要进行单向的介绍他人，即只将被介绍者中的某一方介绍给另一方。

(1) 为他人介绍的顺序。

按照国际惯例，介绍时尊者有优先知情权，即被介绍的双方中，位置较高、更受尊重的人，首先应该知道对方的情况。

根据这项礼仪原则，介绍者一定要了解一下介绍的顺序。通常的介绍顺序是：

- 把职位低的人介绍给职务高的人。
- 把晚辈介绍给长辈。
- 把年轻人介绍给年长者。

- 把男士介绍给女士。
- 把未婚女性介绍给已婚女性。

介绍时，应该先叫尊者的姓名，介绍语可以用“××董事长，请允许我为您介绍，这位是××”。

在口头表达时，先称呼职位高者、长辈、女士、主人、已婚者、先到场者，如“张总，您好！请允许我向您介绍一下××”，再将被介绍者介绍出来，然后再介绍先称呼的一方。这种顺序的共同特点是尊者居后，让尊者优先了解被介绍者的情况。

(2) 介绍技巧。

■ 介绍人的姿态。

居中的介绍人，为双方介绍时，首先应该向双方打个招呼，使双方有个思想准备。介绍人在介绍时，身体要直立站好，面带微笑，与被介绍双方形成一个三角形站立。

介绍人的手势可以运用横摆式引导手势：一只手臂抬起，掌心向上倾斜，五指并拢，指向被介绍人。但是忌讳用食指指人或用手拍被介绍者的肩膀。无论对方的身份、职位有多低，都要一视同仁，这是对对方的一种尊重。

■ 介绍人要为双方提供必要的信息。

对刚刚认识的人来讲，介绍者应清楚地说出被介绍方的姓名、公司名称及职务，如果再对其个人的情况作一句简单而积极的评价，将更有助于双方的了解，使交流更为顺利，但不可过于夸大对方的经历。

例如，向客户介绍自己的同事时，应该首先面对客户说：“××先生，您好，让我来为您介绍，这是我的同事王经理，他是我们公司业绩最好的销售经理。”这样的介绍，既体现了尊重客户的原则，又适当地说明了另一方的优秀之处，能达到介绍的最佳效果。

■ 介绍他人的时候，切勿直呼其名。

在向他人介绍和自己关系很近的朋友时，一定要注意语言的表达，即使关系再好，也不能当着第三方陌生人的面直呼其小名或绰号，最好加上尊称或者职务，如先生、夫人、老师、经理、律师等。

■ 介绍完毕后，介绍人不要马上离开。

介绍人完成对双方的介绍后，最好花一点时间引导双方交流，这样会使整个过程更加自然，并且双方都会感觉到介绍人很周到、体贴。

■ 为他人介绍，发挥好“穿针引线”的作用。

“穿针引线”，就应该脉络清晰，切忌啰嗦、重复、含糊不清。介绍人的状态决定了介绍之后双方进一步交流的状态，所以，介绍人应该制造出欢快的气氛。

小贴士

在介绍礼仪中，将某人介绍给其他人，一定要征得对方的同意。如果自作主张，有可能会给他人带来一些烦恼。如一方对某个群体的人没有好感，不想与之接触，介绍人不经过对方的同意就介绍双方认识是不合适的。

(3) 被介绍人的礼仪。

当你被介绍给对方，或对方把别人介绍给你认识时，要及时做出礼貌的回应。

• 姿态要庄重。

如果你是站着的，要立即走近对方，面带微笑，注视着对方。

如果你是坐着的，当介绍人在介绍时，应起立。如因特殊情况不能起立，应该点头，欠身一下，以示对对方的尊重。

• 要握手。

在介绍完毕后，要注意与之握手的礼节。注意：握手时，谁先伸手，一定要按握手礼仪中的顺序进行。

• 要有问候语。

双方被介绍认识后，除了要有肢体上的友好表示，更应该向对方打招呼。当介绍人在向你介绍对方时，可以从重复对方的姓名开始问候，例如："您好！张律师，很高兴认识您！"

5. 集体介绍

集体介绍有两种情况：一是把一人介绍给多人；二是两个群体或两个群体以上，多人和多人相互之间的介绍。

把一人介绍给多人时，方式是很容易把握的。先介绍一人的一方，后介绍多人的一方。

如果是多人和多人的相互介绍，有两种情况。

第一种情况是笼统介绍，如："大家好，这几位都是我的好朋友！"如果想再具体一些，就按照尊卑长幼、男女之分的顺序介绍。

第二种情况，如果有很多方需要你相互介绍，最好的方式也是笼统介绍，如："大家好，这边的朋友来自××公司，中间的朋友来自××大学中文系……"不过，先介绍哪个单位，后介绍哪个单位，一定要有礼宾顺序的排列，不给大家造成亲疏有别的印象。

单位、团体介绍的排序是有一定讲究的，可以按以下几种方式来排列。

(1) 按单位规模大小排顺序。

(2) 按单位名称的英文字母或汉语拼音首字母排顺序。

(3) 按单位总负责人姓氏笔画排顺序。

(4) 按抵达的时间先后排顺序。

(5) 按座次的尊卑排顺序。

(6) 按距离介绍人的远近排顺序。

注意：

第一，在介绍者询问被介绍者是否有意认识某人时，一般不应拒绝，而应欣然应允。实在不愿意时，则应说明理由。

第二，介绍人和被介绍人都应起立，以示尊重和礼貌；待介绍人介绍完毕后，被介绍双方应微笑点头示意或握手致意。

第三，在宴会、会议桌、谈判桌上时，介绍人和被介绍人可不必起立，被介绍双方可点头微笑致意；如果被介绍双方相隔较远，中间又有障碍物，可举起右手致意，也可点头微笑致意。

第四，介绍完毕后，被介绍者双方应依照合乎礼仪的顺序握手，并且彼此问候。问候语有"您好""很高兴认识您""久仰大名""幸会幸会"，必要时还可以进一步作自我介绍。

十、名片礼仪

名片在中国有两千多年的历史，秦汉时期称为“谒”，用竹片或木片做成；到了汉末，“谒”改名为“刺”；六朝时期称为“名”；唐朝时称为“名帖”；清朝时称为“名刺”“名片”。名片的称法一直沿用至今。

名片是工作过程中重要的社交工具之一，直接传递着个人和公司的信息，担负着保持联系的重任。名片是人的第二张脸，是一个人身份和地位的无声介绍载体。要使名片发挥作用，就必须掌握相关的礼仪规范。

1. 名片的保管

随身携带的名片应放置在专用的名片夹里。对于男士，如果穿西装，一般将名片夹放在左胸内侧口袋里，一方面便于右手取物，另一方面左侧是心脏所在处，将名片紧贴心脏放置，表示对他人的礼貌和尊重。如果没有穿西装，就放置于随身携带的包中。将名片夹放在其他口袋，特别是放在后侧口袋是非常失礼的。要注意保持名片或名片夹的清洁、平整。

2. 名片的递送

递送名片，应在见面之初进行。向对方递名片时，应面带微笑，注视对方，身体向前微躬，将名片正面朝着对方，用双手的拇指和食指分别持握名片上端的两角递出。如果是坐着的，应当起立或欠身递送。递送时应说“这是我的名片，请多多关照”“常联系”等话语。

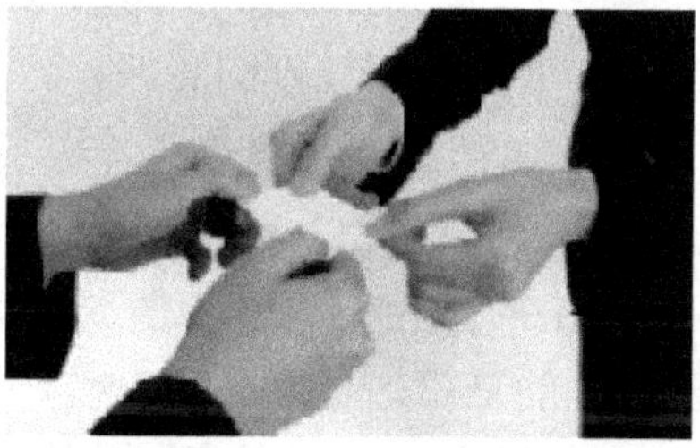

在递送名片的时候，应该注意递送的顺序。按照礼节来讲，名片递送的顺序是：服务人员主动向客户递送；职位低的人先向职位高的人递送；男性先向女性递送；当面对许多人时应先将名片递给职位较高或年龄较大者；如分不清职务高低或年龄大小，就按照一定的自然顺序进行；如遇到多数人相互交换名片时，可按由近及远的顺序进行。

3. 名片的接受

接名片时应注意：面带微笑，用双手拇指和食指接住名片下方的两角，并说“谢谢”。接受名片时，要仔细地看名片上的单位、姓名、职务等，遇到难认的字，应虚心询问。当对方递给你名片之后，如果自己没有名片或恰好没带名片或名片已用完，应向对方表示歉意并如实说明理由。

小贴士

接到对方递过来的名片，一定要有阅读名片的过程。

阅读时，可以将对方的姓名、职衔(高职位)念出声来，并注视着对方，使其产生一种受重视的满足感。

如果对方的头衔较低，则不用大声读出来，面带微笑，认真阅读即可，这也是对对方的尊重。

4. 向他人索取名片的方法

(1) 直接法。

直接法是直接向对方要求交换名片，如："陈董事长，您好，很高兴认识您，能不能有幸跟您交换一下名片？"一般情况下，懂礼貌的人不会直接拒绝。

(2) 交换法。

要想得到他人的名片，可以先向对方做自我介绍并主动递出自己的名片，对方会回递一张自己的名片以示尊重。

(3) 请教法。

请教法适合直接向尊长或上级索取名片时使用。如："××您好，久仰您的大名，今天您的讲座让我受益良多，今后该如何向您请教？"

5. 名片管理

许多人经常在参加完活动后捧回来一堆名片，却不知道怎么保存。其实很简单，只要养成及时整理的习惯就行。在整理时，可以把名片按地域保存，或按行业分类保存，也可以按人脉资源来管理。这样，不至于当需要某位朋友的名片时，无法及时找出来。

此外，要把名片的载体作用发挥出来。平时要养成经常翻看名片的习惯，给对方打一个问候电话，或者发一个祝福短信，让对方感觉到你的存在，感觉到你对他的关心与尊重，同时也维系了与对方的感情。

6. 名片的使用禁忌

(1) 不得在名片上随意涂改，更不能在上面随意写字。

(2) 有地位、有身份的人，应该随身准备好几种名片，针对不同的交往对象，强调自己不同的身份，这是一种礼貌。

(3) 不要把自己的名片、他人的名片和其他杂物混在一起放，以免用的时候手忙脚乱，错把别人的名片当自己的名片递给其他人。

(4) 虽然现在是个名片泛滥的时代，但出席重大的社交活动时，不要忘了带上你的名片。

(5) 名片可在刚见面或告别时发送，但如果自己即将发表意见，则应该在发表意见之前发名片给周围的人，以帮助他人认识你。

(6) 参加会议时，应该在会前或会后交换名片。

(7) 在商业、社交活动中，不要滥发名片，不要见谁就发，要有选择，在有可能起作用的范围之内散发。

(8) 对于陌生人或巧遇的人，不要在谈话前过早地发送名片。

(9) 无论参加私人聚会还是商业餐宴，名片都不可在就餐时发送。

(10) 破旧名片不可凑合使用。

小贴士

当他人向你索取名片而你又不想给对方时，可用委婉的方法表达此意，如："对不起，我忘了带名片。"或者说："很抱歉，我的名片用完了。"

不要用左手递交名片；不要将名片背面对着对方或是颠倒着面对对方；不要将名片举得高于胸部；不要以手指夹着名片给对方。

知识链接

✧ 名片的尺寸：国际上，男士为 6 厘米 × 10 厘米，女士为 4.5 厘米 × 8 厘米。名片太大放不进名片夹，太小也不合适。

✧ 名片不要放钱夹里面，不卫生。

✧ 名片最好控制在三种颜色之内，包括标记、图案、公司徽记。

3.2 访送礼仪

访送礼仪包括两个方面的内容，“访”是指作为客人去拜访他人时应当遵循的礼仪规范；“送”是指作为主人在接待他人来访时应当注意的礼仪规范。

一、拜访礼仪

拜访是指亲自到某处拜见某人。例如，当需要客户对某件事给予配合或参与时就要对客户进行拜访。服务人员对客户进行拜访可以了解客户对产品和服务的反馈，并收集更多的改进和需求信息。拜访客户的关键是要尊重客户，这样才能让客户乐意配合。讲究拜访礼仪能够让客户感受到被关注和尊重，同时也能够展示服务人员的职业形象，从而更容易取得客户的信任。

1. 拜访客户的注意事项

(1) 拜访客户前应该向对方预约。这样可以让客户有心理准备，也是对客户的一种礼貌和尊重。要尽量配合客户的时间，避免在客户吃饭、休息的时间和早晨忙乱的时间拜访。

拜访前应对拜访客户所要了解或需要客户配合或参与的事项理清思路，拜访的目的要明确，并准备好相关的文件或资料。

(2) 出门拜访之前，应根据拜访的目的、对象，在仪表上进行适当修饰。总的说来，仪表应整洁、自然，着装要端庄大方，以表示对客户的尊重。在拜访客户前应将手机关掉或者选择振动模式。

(3) 跟客户见面后，经过简单的寒暄，就可以简明扼要地说明拜访的目的，然后逐条与客户交换意见，语言要精练。客户提出的建议和意见应做适当的记录，并要致谢。

(4) 收集到的客户的意见和建议，在职能范围内能够解决的应尽快解决，反馈该客户，征询其是否满意；若无权解决则应及时上报，尽快为客户解决问题，并给予回复。

2. 拜访客户时的礼仪要求

(1) 拜访客户要按照双方商定的时间和地点赴约，如遇有特殊情况不能赴约或不能按时赴约，应提前通知客户，并表示歉意，特别是第一次见面，尽量不要失约。

(2) 如果是到客户家拜访，要先敲门或按门铃。敲门动作要轻，要有节奏、停顿，一般用中指，第一遍先敲两三声。门铃要按一下以后稍候片刻再按第二遍，如果里面有人应答就不要再敲再按了。如果客户家大门半开或全开，也要先以平和的语气询问，得到允许后才可进去。

(3) 如果要拜访的客户公务比较繁忙，可能需要等待接见，即使等候时间过长，也不要明显地抬腕看表或显示出不耐烦的样子。实在无法再等候，可以向接待人员说明，并另约时间。

(4) 与客户交流时，保持一定的距离(1 米为宜)，避免唾液喷到客户，多倾听客户的想法和意见，不要在客户表达意见时插话。

(5) 拜访时间不宜过长，第一次拜访以不超过 20 分钟为宜。要注意观察客户的表情和表现，在客户暗示出希望结束谈论的话题时，应尽快结束话题，及时起身告辞。

(6) 告辞时，应向客户的友好、热情接待给予适当肯定，并说一些“打扰了”“添麻烦了”“谢谢”之类的话。如客户处还有其他客人，即使不熟悉，也应遵守“前客让后客”的原则，礼貌地向他们告辞。客户送出门时，应劝客户留步，并主动伸手握别。当走到门外第一个拐弯处时，一定要再回头看看客户是不是还在目送，如果客户还未返回，应挥手向客户示意，以示谢意，并请客户快回去。“一去不回头”是很失礼的行为。

(7) 条件允许的情况下，可以在拜访客户的时候带一些小礼品。

3. 家庭拜访礼仪

如果是私人性质的家庭拜访，需要注意以下几点。

(1) 要提前预约，不可贸然上门。

时间约定后，最好不要早到或迟到。没按约定时间登门，早早就来到别人家里，给受访人一个措手不及，双方都会显得尴尬。迟到，或因特殊情况不能按时到达，一定要给对方一个电话，说明晚到的原因。

(2) 拜访时，可带一些小礼物登门。

如果是初次登门拜访，可以为主人带一些小礼物。在中国，大部分人习惯携带水果送给受访者。除此之外，我们还可以送鲜花、一盒精致的水果糖、一瓶好喝的葡萄酒、一本畅销书、一张好听的音乐碟，等等。

小贴士

如果受访人家里有小朋友，可以带一些儿童玩具作为礼物。

(3) 进门前学会通报。

到了受访人家门口，要懂得按门铃或是敲门，这是礼节，更是对受访人的尊重。万不可大声呼喊受访人的名字作为通报。

小贴士

按门铃的方式

先按一下(有的门铃就会连续响几声)，如果屋内没有反应，再按一次。那种按住门铃不放，弄得铃声持续不停地作响的方式，暗含催促之意，是不太合乎礼仪规范的。现在门上都安有“猫眼”，按完门铃后，要从开门者视觉角度考虑一下，调整好身体的站位，站在“猫眼”的正前方，不远不近，这样屋内的主人就可以通过“猫眼”看到拜访者的脸了。

敲门的方式

用食指和中指，一次持续三下，如果屋内没反应，再持续敲三下。万不可使劲捶门，大声呼喊开门。

(4) 进门要记得换鞋。

去别人家里做客，进门要记得脱鞋，不可把鞋穿进屋内，女性的高跟鞋底还有可能破坏主人家的地板。脱鞋就会露袜，所以，一定要保证你的袜子是干净、无破损、无异味的。

(5) 进门要寒暄。

如果是初次拜访，要主动进行自我介绍，与主人及其家人握手、问好。进屋后要把厚厚的外套、帽子、手套脱下放好，如果戴有墨镜，也要摘下来。

(6) 卫生间的使用。

如果短时间拜访，尽量避免使用主人家里的卫生间。如果主人家里有两个卫生间，在必须要使用的情况下，也要避免使用主卫。

(7) 不可随意进入主人的卧室参观。

在别人家里做客，是有一定的活动区域限定的。最大的禁区就是主人的卧室，卧室是很私密的地方，不能随意进入参观，除非你跟主人很熟悉。一般在会客厅就座即可。

(8) 不随意翻动物品。

对主人家里的物品不要随意翻动。对屋内观赏性的饰品，可以稍作赞美，不可妄加评论。

(9) 茶饮礼节。

主人斟茶倒水，不能一滴不喝，多少要表示一下，同时别忘了“喝茶要赞茶”的礼节！

(10) 控制好拜访时间。

去别人家里拜访，要控制好时间。目的性的拜访，话题要明确；如果是礼节性拜访，话题要轻松，但也不能聊起来没完没了，毕竟受访者还会有其他安排。

小贴士

去别人家里做客，要做到客随主便，不要过于随意，也不要过于拘谨，不失礼节，自然为宜。

临时性拜访控制在 15 分钟，一般不要超过 2 个小时。

知识链接

拜访中的 21 个细节错误

每一次和客户的会面，都要怀着“只有一次机会”的心态，要十分注意礼仪的每一个细节。当和一位客户会面时，以下的 21 个拜访礼仪错误是必须避免的。

错误 1：没有为登门拜访做计划。听起来简单，但是如果这单生意做不成，就仅尝试了“结束”。

修正：在考虑好计划实现的目标之前，永远不要推开一扇门。

错误 2：和前台打招呼不礼貌。这很有可能会激怒对方，然后通知保安。

修正：彬彬有礼，友好而谦恭。

错误 3：对行政人员粗鲁无礼。如果表现得傲慢自大和高人一等，只会引起反感。

修正：无论是对工作人员还是其他人，请表示友好并尊重他们。

错误 4：和一群人一起出现。如果一同前往的人太多，会让客户觉得你的成本过高。

修正：当需要让其他人也参与进来时，可以使用网络会议。

错误 5：没有注意自身的穿着打扮。不要表现出不恰当的举止，快速借用客户的洗手间整理仪容可能会很糟糕。

修正：在拜访客户之前，先在外面找个洗手间，整理仪容着装。

错误 6：假装顺道来拜访。如果假装这不是一次专门拜访，被拒绝的可能性会大大提升。

修正：预约会面时间，专程而来。

错误 7：迟到。如果没有按时到达，可能让客户觉得你不在乎他们或者他们的时间。

修正：总是提前 15 分钟到达。如果驱车去赴约，把 GPS 打开。

错误 8：一开始过于商业化。请记住，你在和另一个人建立沟通的桥梁，而不只是明晃晃地卖东西。

修正：微笑而友好，但不要太容易动感情。

错误 9：一开始太友好。没有比假装潜在客户是久违的朋友而看起来更虚假的方式了。

修正：怀着对每位潜在客户时间的尊重和保持恰当的礼貌接近他们。

错误 10：说的比听的多。初期的登门拜访都是为了建立关系和收集信息，如果不持续讲话就无法实现目标。

修正：对客户表示好奇并提问。

错误 11：与客户争辩。如果客户不同意一个观点，争论只会将他的不同意越挫越激烈。

修正：询问客户他为什么这么想，然后倾听，并适当表达自己的观点。

错误 12：讨论政治或宗教。这些话题几乎总是会陷入一种很难摆脱或不可能摆脱的危险境地。

修正：将讨论限制在业务或中性的领域。

错误 13：对产品高谈阔论。即使有东西要卖，但是如果过早为产品做广告，可能会被请出门。

修正：在推销之前，提出能理解需求的问题。

错误 14：显得轻率或讽刺。对一个笑话的善意大笑可能会让其他人曲解。

修正：在任何时候都注意你的言行举止。

错误 15：缺乏必要的产品知识。潜在客户不希望反复听到“我下次告诉你……”。

修正：确保在登门拜访之前，对目前的产品和政策有充分的了解。

错误 16：忘了客户的名字。

修正：在一张小的图表中写下每个客户的姓名。

错误 17：打听私人问题。你或许认为客户是你的朋友，但是如果问题过于私密，会很容易把事情搞砸。

修正：将谈话的重点放在业务问题，特别是客户的需求上。

错误 18：接听手机。

修正：把手机关掉或调成振动模式，放在公文包里。

错误19：逗留的时间太长。潜在客户可能还有很多其他事情要做，所以要尽量控制拜访时间。

修正：设定拜访的时间限制。

错误20：偏离主题。

修正：对如何让拜访顺利进行列简短的提纲。

错误21：没有跟进。即便会议很成功，若无后续跟进，此次会面的效果也很可能为零。

修正：在会议之后迅速安排后续活动。

二、接待礼仪

知识链接

唐诗里的“待客”之道

客　至

杜　甫

舍南舍北皆春水，但见群鸥日日来。
花径不曾缘客扫，蓬门今始为君开。
盘飧市远无兼味，樽酒家贫只旧醅。
肯与邻翁相对饮，隔篱呼取尽馀杯。

将进酒(部分)

李　白

人生得意须尽欢，莫使金樽空对月。
天生我材必有用，千金散尽还复来。
烹羊宰牛且为乐，会须一饮三百杯。
岑夫子，丹丘生，将进酒，杯莫停。
与君歌一曲，请君为我倾耳听。

迎接客户要耐心，细心听取客户的意见，周到热情地为客户服务。客户无论是应邀而来，还是自行登门来访；无论是来洽谈业务，还是投诉提意见，接待人员都应当牢牢树立“来者都是客”的观念，都要给予重视，热情以礼相待。

接待工作看似简单，可接待人员的言谈举止直接体现着企业的管理水平、服务水平以及与客户之间的合作精神。一次精心安排的欢迎仪式，能使来宾产生良好的第一印象；一次周到圆满的欢送，会给来宾留下美好难忘的回忆。

接待工作虽然不起眼，却能展示企业的形象，是企业对外的第一扇“窗”，客户对企业的第一印象往往是从这扇“窗”获得的。

1. 接待的类型

(1) 预约客户的接待。

① 详细了解来访客户的情况，比如级别、人数、接待规格等。

② 根据预约客户的期望做好接待的准备工作，比如安排接待人员、布置会议室、准备与客户交流的相关资料等。

③ 按照身份对等的原则，安排接待人员，对重要客人应安排身份相当、专业对口的人员出面迎送；对于一般客户，服务人员可直接接待。

(2) 未预约客户的接待。

① 客户登门拜访时，服务人员首先应该热情礼貌地为客户安排座位，并倒水，在了解客户希望办理什么业务或找谁后，再帮助客户。

② 特别要注意的是接待正在发怒的投诉客户时，千万不要置之不理，也不要推诿，而要先平息客户的怨愤，让他冷静下来，然后再找到对口部门处理。

2. 接待来访的程序和礼节要求

(1) 接待准备。

要整理好接待室、会议室，做到窗明几净，摆设有序，使接待有一个较为理想的环境。准备工作包括接待人员仪容整洁、自然大方。与此同时，还应准备好相关资料和茶水等。

(2) 接待环节。

接待来访应起立相迎，热情招呼，让座递茶；稍作寒暄，问明来意，和蔼可亲，回答问题。

① 招呼。首先是热情地招呼，接着询问客人的来意，如果需要接待，就要请他先坐下来。

② 引导。如果客人要拜访的是其他人，或者他需要前往公司的某个部门，就要引导他，使他尽快得到所需要的服务。

③ 提示。引导客人时，应提示"张经理正在会议室恭候各位"或"我们现在前去……"，以便让对方思想上有所准备。

④ 告知方向。告知客人要去的方向，身体应向前进方向稍微倾斜，同时用手示意，往左时伸左手，往右时伸右手，手指并拢指向要去的方向。

⑤ 同行。与客人同行时，应走在客人的左前方，配合客人的步伐，保持两三步距离，并不时右侧回身提问，招呼客人上楼梯。走楼梯的时候，让客人走在右侧，接待人员在左侧，走在客人前面三四个台阶，身体微斜。不时地看看客人脚下，提醒客人注意安全。楼层间转弯时应停下来确认客人是否能跟上。如果客人知道方向，出于礼貌，可请对方先行。

⑥ 乘电梯。乘电梯前，应向客人说明"在×楼"。接待人员应站在电梯开关处提供服务，让客人先行进入电梯，随后自己再进入；到了所要到达的楼层后，接待人员要让客人先出电梯，然后自己再出电梯。

⑦ 开门引导。来到会客场所，接待人员应该停住脚步，转身面向客人，说"就是这里"，然后敲两下门，开门引导客人进去。在进入会客室前，如果是拉门(朝外开的门)，接待人员应站在走廊里拉住门，等客人进入后再进入；如果是推门(朝内开的门)，接待人员应先入内，把住门，侧身请客人入内。

开门引导

⑧ 引座。进屋后，将客人引至上座。请客人就座时要站在椅子旁边说“请坐”，同时用右手示意。客人就座后，应该说“××马上到，请稍等”。

(3) 话别送客。

这是接待的最后一道程序。通常情况下，用“再见”“您走好”“有空多联系”“多多保重”等送别用语与人道别。告别地点及礼仪规范如表 3-1 所示。

表 3-1　告别地点及礼仪规范

告别地点	礼仪规范
会议室或办公室门口、服务台边	留步，告别，目送客人走远
电梯门口	按电梯开关钮，行致意礼，目送至电梯门关合为止
大门口、汽车旁	行致意礼，目送客人走远

在送别客人的过程中，切忌露出不耐烦、急于脱身的神态，以免给客人匆忙打发他走的感觉。对于一些来投诉的客户，当其告辞时，应起身相送，并说些表示感谢或安慰的话，如“您放心，我会将您反映的问题转告经理，一定会给您一个满意的答复”。

3. 接待的注意事项

第一，客人要找的负责人不在时，要明确告知对方负责人到何处去了，以及何时回本单位，并请客人留下电话、地址，明确是由客人再次来单位，还是我方负责人到对方单位去。

第二，客人来访时，我方负责人由于种种原因不能马上接见，要向客人阐明等候理由与等候时长。若客人愿意等候，应当向客人提供饮料、杂志等，如果可能，应当时常为客人换饮料或者添加茶水。

第三，招待人员率领客人到达目的地，应当有正确的引导方式和引导姿态。

小贴士

上茶的步骤

第一步，泡茶。要用 70℃～80℃的开水泡茶，使茶叶充分胀开。杯内的茶水倒至八分满，不可倒满，以免溢出来洒到客人身上。

第二步，端茶。端茶时，最好使用托盘，既雅观又卫生。端茶原则上是双手端上，旁边没有桌子放托盘的时候可以单手端出。用手端茶，若茶杯有杯柄，一手执杯柄，一手托在杯底；若茶杯没杯柄，要注意不要握住茶杯，尽量减少手指和杯沿部分的接触，更不可把拇指伸入杯内的茶水中。茶要放在来宾的正面靠右，离桌边 10 厘米的地方；茶杯有盖或是上咖啡的时候，因为要用双手，可放在客人的正前方，将茶杯的杯柄放在右侧。

第三步，敬茶。敬茶讲究的是顺序问题，可按下面的顺序依次奉上：主客或年长者→上级领导→随从人员。如大家围坐一圈，则应由身后将茶奉上，并说“请用茶”。之后，接待人员宜马上退出。退出时不能马上转身背对客人，应面对客人倒走一两步后转身走出门，轻轻将门带上。

3.3　位次礼仪

位次，是指在人际交往中各自所处的具体位置的尊卑顺序。在正常情况下，位次早已约定俗成，并为人们所接受。讲究位次的安排，是对交往对象敬重、友好之意的一种具体体现。位次排列的基本原则是让尊者处于安全并醒目的位置。

一、会客的位次

1. 相对式

相对式指宾主双方面对面而坐。如果双方就座后，一方面对正门，另一方则背对正门，此时，讲究“面门为上”，即面对正门之座为上座，应请客人就座；背对正门之座为下座，宜由主人就座，如图一所示。如果双方就座于室内两侧，并且面对面地就座，此时讲究进门后“以右为上”，即进门后右侧之座为上座，应请客人就座；左侧之座为下座，宜由主人就座，如图二所示。当宾主双方不止一人时，情况亦是如此，如图三所示。

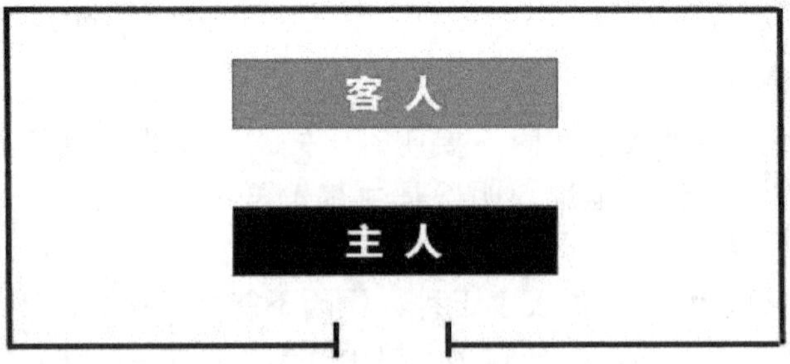

图一　相对式会客排位之一

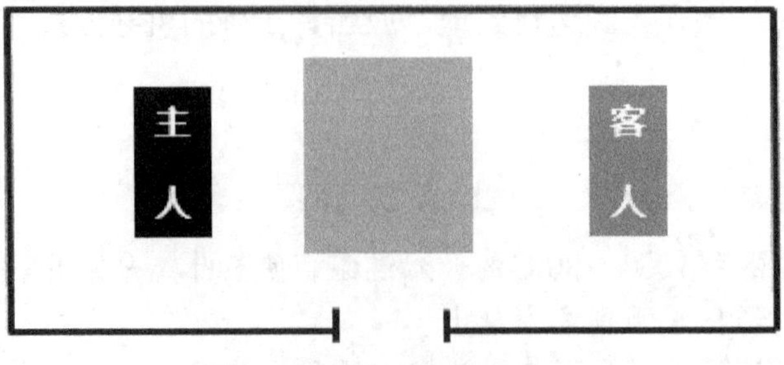

图二　相对式会客排位之二

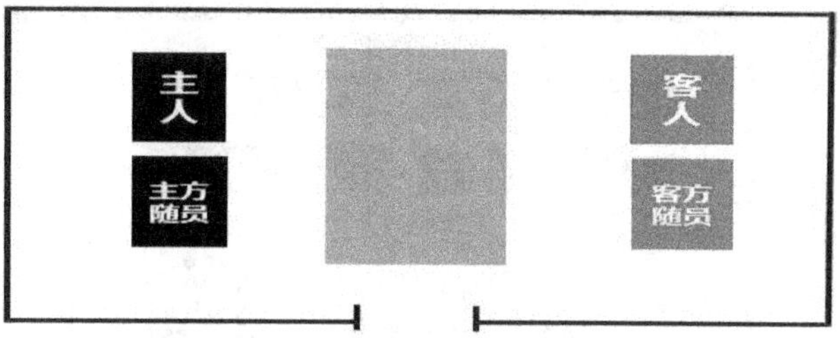

图三　相对式会客排位之三

2. 并列式

并列式指宾主双方并排就座。如果双方一同面门而坐，此时讲究“以右为上”，即主人宜请客人坐在自己的右侧面，如图四所示。若双方不止一人，双方的其他人员可各自分别在主人或主宾的侧面，按身份高低依次就座，如图五所示。如果双方一同在室内的右侧或左侧就座，此时讲究“以远为上”，即距门较远之座为上座，应当让给客人；距门较近之座为下座，应留给主人，如图六、图七所示。

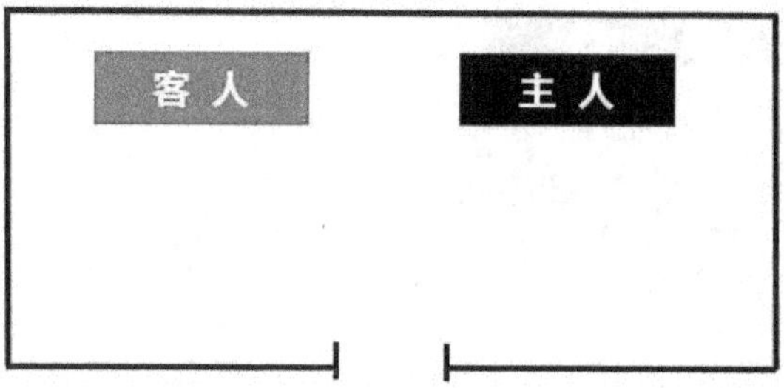

图四　并列式会客排位之一

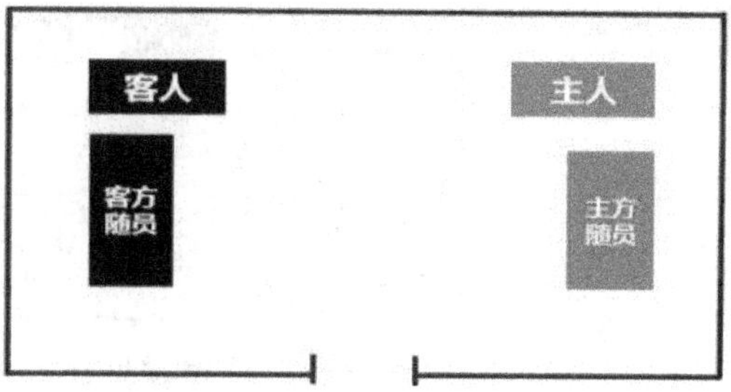

图五　并列式会客排位之二

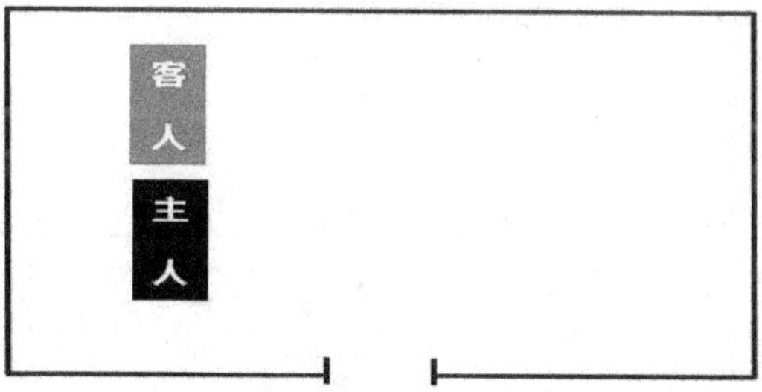

图六　并列式会客排位之三

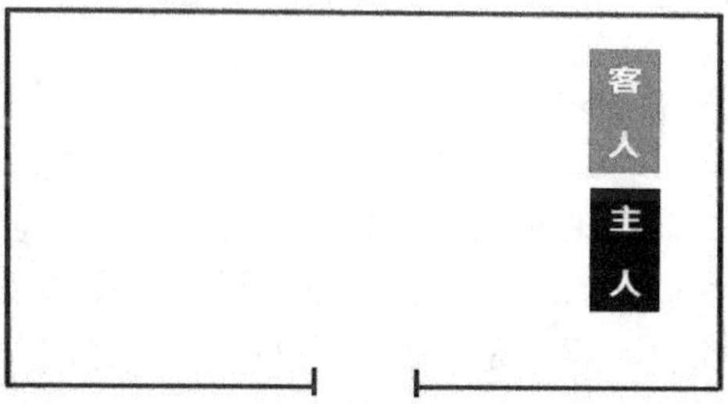

图七　并列式会客排位之四

二、会议位次

《机关文明礼仪手册》(中央文献出版社 2007 年 8 月第 1 版)中提到，目前国内排定主席台位次有三个基本规则：一是前排高于后排，二是中央高于两侧，三是左侧高于右侧。

1. 领导为单数时的座次排序

1 号领导居中，2 号在 1 号左手位置，3 号在 1 号右手位置，以此类推。由于会议主席台一般为单数，而我国最高层级的会议大多如此排序，所以这种排法得到全国上下的普遍采用，是使用得最多的位次排序。如下图所示。

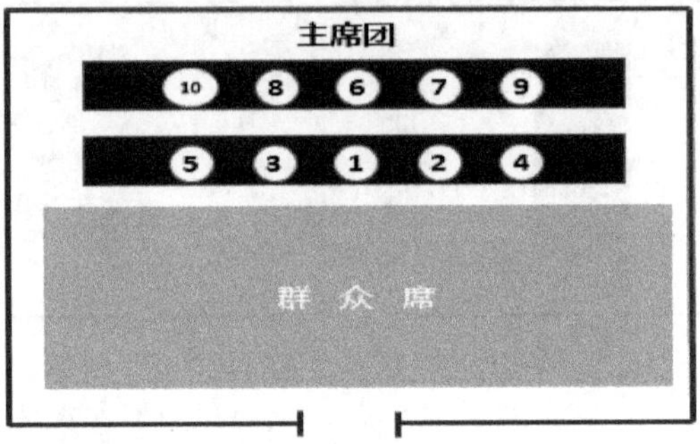

2. 领导为偶数时的座次排序

主席台领导为偶数时的座次排序较为复杂，分两种情况，一是以左为尊，二是以中为尊。

第一种，从主席台中间线划开，以左为尊。这种情况最为多见。

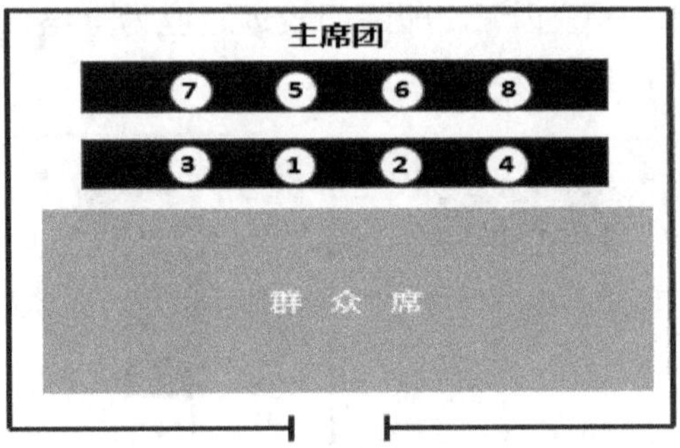

第二种，以中为尊。1 号领导位居正中；两边领导左单右双亦可，左双右单亦可。这种排法比较保险，跟领导为单数时排法基本相同。具体排位时，单数一边领导位距可适当疏一点，双数一边密一点。领导多时，左右两边看不出区别。

三、谈判位次

谈判是交往的一种特殊形式。由于谈判往往直接关系到交往双方或双方所在单位的切身利益，因此谈判具有不可避免的严肃性。举行正式谈判时，有关各方在谈判现场具体就座的位次要求是非常严格的，礼仪性也很强。

从总体上讲，排列正式谈判的座次可分为两种基本情况：双边谈判和多边谈判。

双边谈判，指的是由两个方面的人士所举行的谈判。在一般性的谈判中，双边谈判最为多见。双边谈判的座次排列，主要有两种形式可供选择：横桌式和竖桌式。

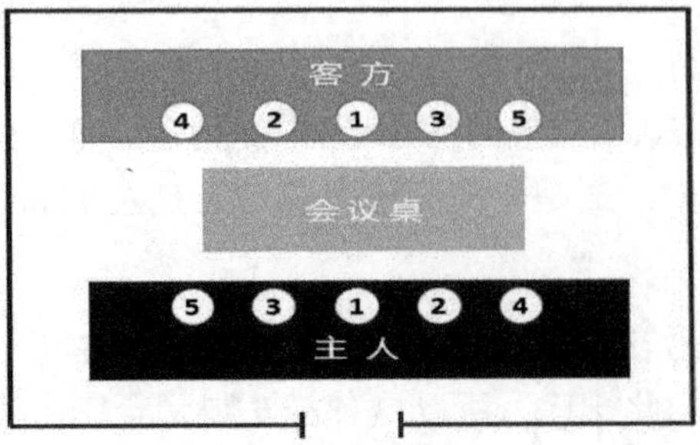

横桌式谈判排位

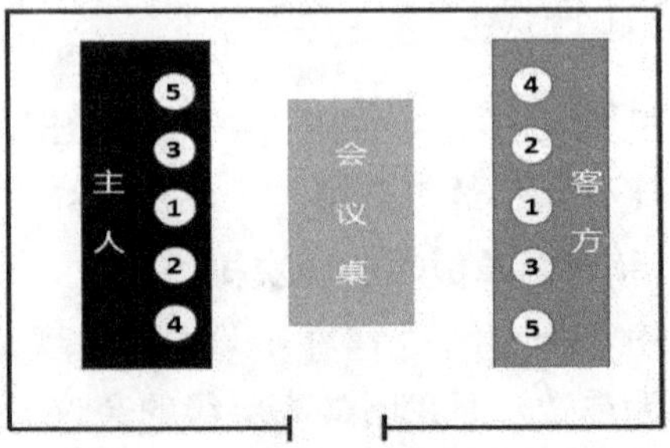

竖桌式谈判排位

多边谈判，是指由三方或三方以上人士所举行的谈判。多边谈判的座次排列主要也可分为两种形式：自由式和主席式。其中，主席式谈判排位如下图所示。

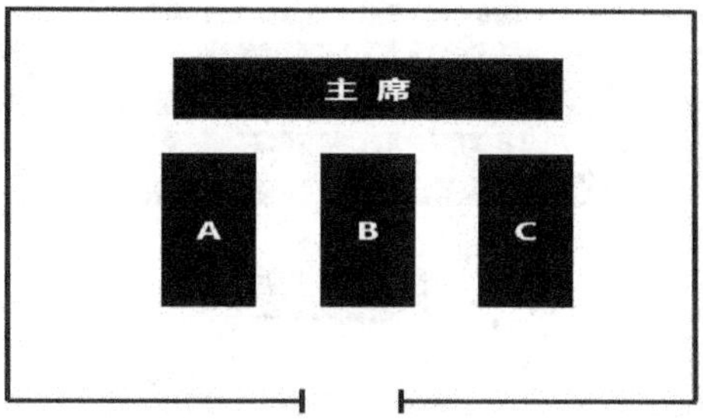

主席式谈判排位

四、签字仪式位次

签字仪式，通常是指订立合同、协议的各方在合同、协议正式签署时所正式举行的仪式。举行签字仪式，不仅是对谈判成果的公开化、固定化，而且也是有关各方对自己履行合同、协议所做出的一种正式承诺。

一般而言，举行签字仪式时，座次排列的具体方式共有三种：并列式、相对式、主席式，分别适用于不同的情况，如下图所示。

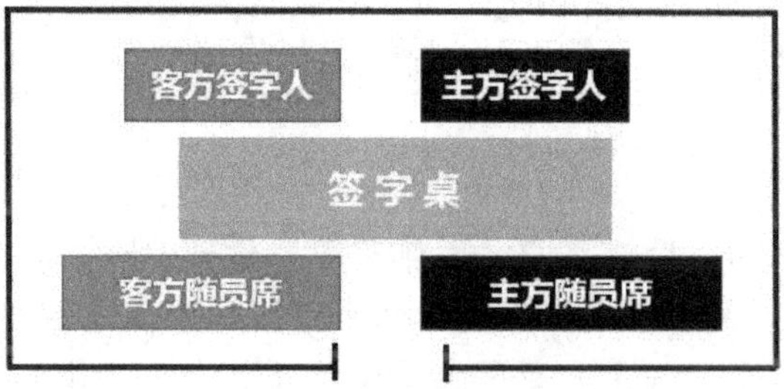

(a) 并列式

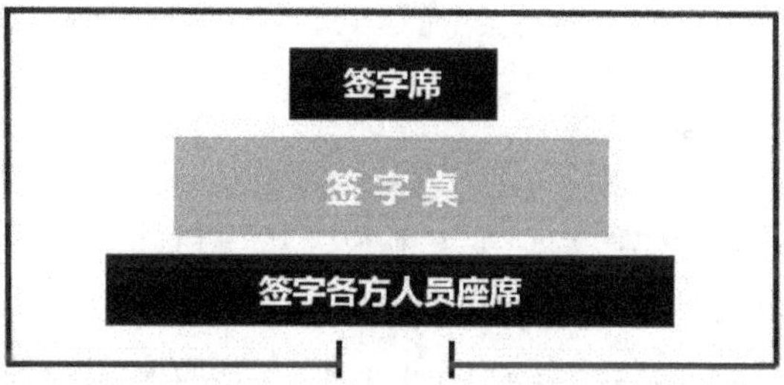

(b) 相对式

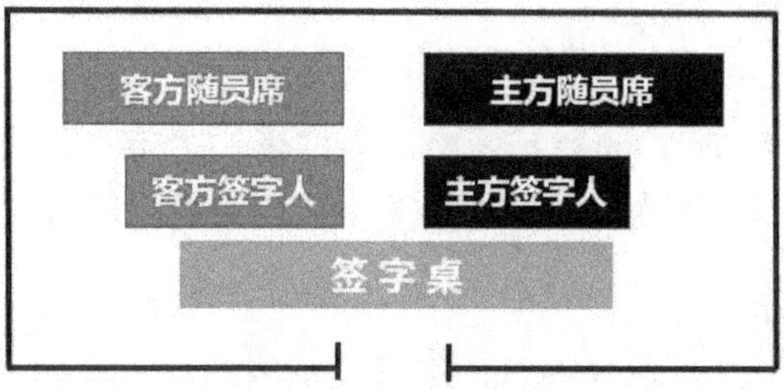

(c) 主席式

签字仪式的座次排列方式

五、合影位次

在正式的交往中，宾主双方通常要合影留念，以示纪念。尤其在涉外交往中，合影更是常见。在合影中，宾主如何排位，是一个比较复杂的问题。

国内合影排位如下图所示。

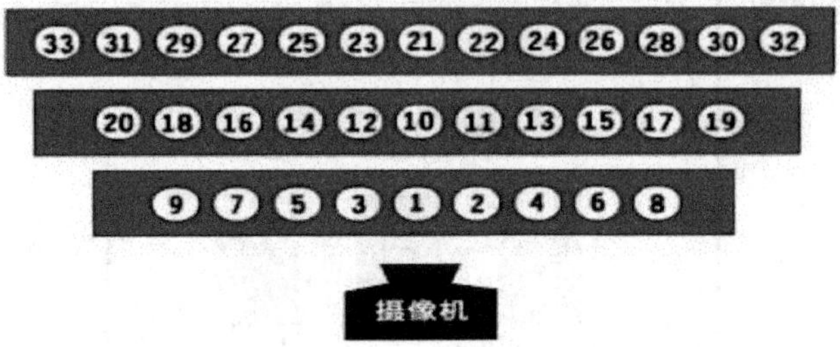

国内合影排位

涉外合影排位如下图所示。

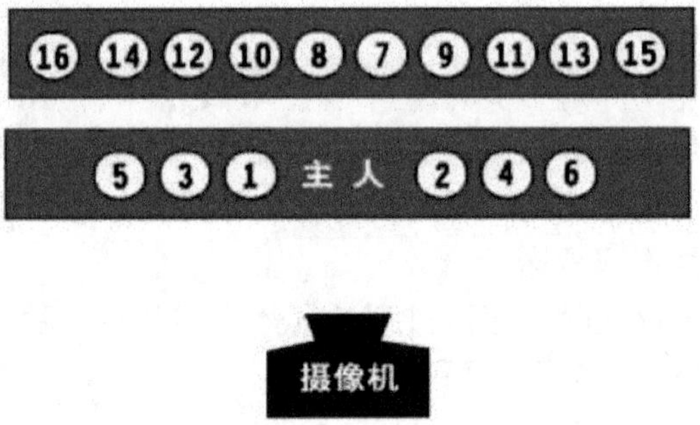

涉外合影排位

六、乘车位次

在轿车中，车上座次的尊卑自高而低依次为：后排右座，后排左座，后排中座，前排副驾驶座。前排副驾驶座通常应由秘书、译员、警卫或助手就座，而不宜请客人在此就座。在主人亲自驾驶轿车时，客人则应坐在副驾驶座上与主人“平起平坐”才是合乎礼仪的。

小贴士

如果客人坐错了座位怎么办

乘坐轿车要“主随客便”，只要不是参加非常重要的活动，如果客人坐错了座位，不用过分墨守成规，只要客人觉得合乎礼仪，就遵从客人的意愿。

七、餐桌座次

餐桌座次礼仪是商务饮食礼仪中不可缺少的一个重点。

一般的宴会，除自助餐、茶会及酒会外，主人必须安排客人的席次，不能以随便坐的方式，引起主客及其他客人的不满。尤其有外交使团的场合，大使及代表之间，前后有序，不能相让。

1. 中餐桌次的安排

中国人待客有“坐，请坐，请上座；茶，上茶，上好茶”的说法。在桌次安排上也非常讲究。

当桌子横排时，以面门的位置来确定，以右为上，这种做法又称为“面门为上”。

当桌子竖摆时，桌次讲究以远为上，以近为下，即离门远的为上，离门近的为下。多张餐桌摆放时，以居于中央者为上。

面门为上

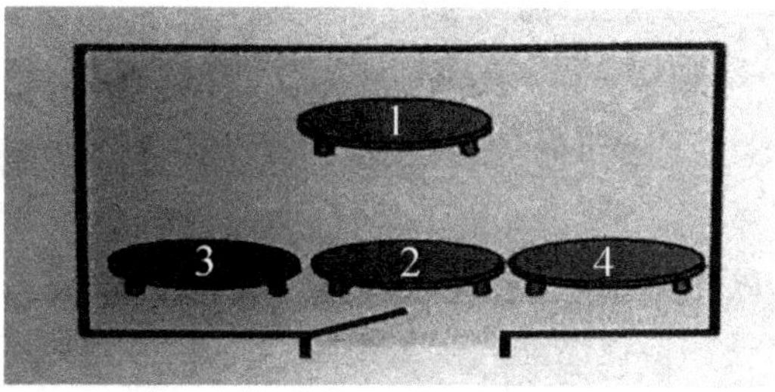

远门为上

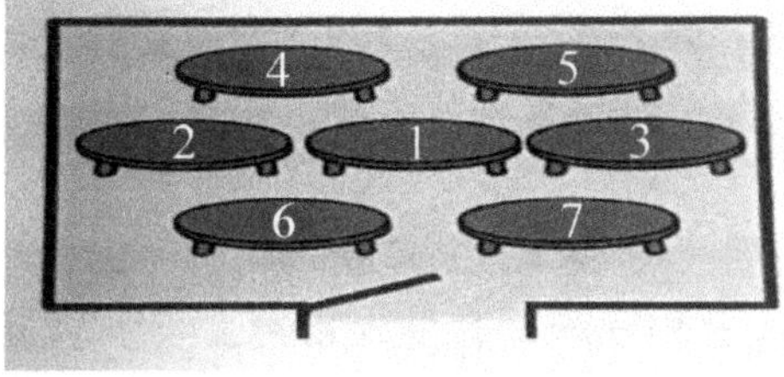

居中为上

2. 中餐座次安排

第一种方式，每桌一个主位，特点是每桌只有一名主人，主宾在其右侧就座，每桌只有一个谈话的中心点。

第二种方式，每桌两个主位，特点是主人夫妇在同一桌，以男主人为第一主人，以女主人为第二主人，主宾和主宾夫人分别在男女主人右侧就座，每桌有两个谈话的中心点。

主宾带夫人赴宴的座次安排见下面左图，主宾未带夫人赴宴则见下面右图。

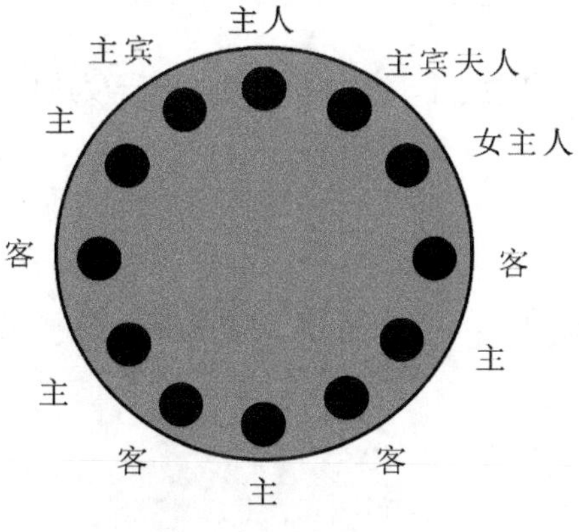

主宾带夫人赴宴的座次安排

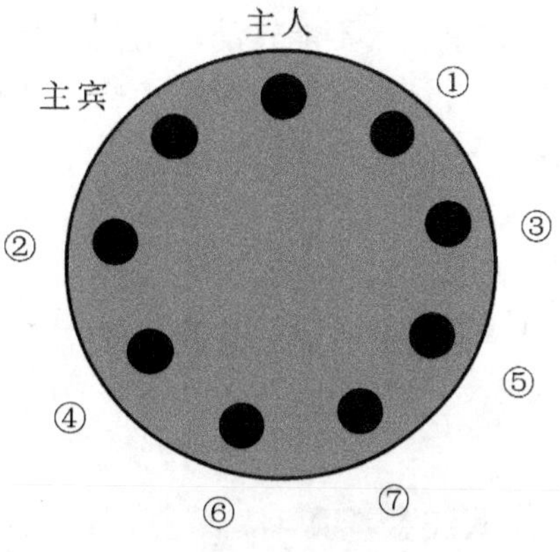

主宾未带夫人赴宴的座次安排

3. 中餐餐具的使用礼仪

(1) 使用筷子的礼仪。

① 不能挥筷。有的人手里拿着筷子，边夹菜边用筷子在空中挥来舞去地与人交谈。

② 不能插筷。在中国，忌讳把筷子插在碗里。因为这种做法，只有在祭祀死者的时候才用。

③ 不能跨筷。不能随意把筷子放在桌上或公用的碗碟上，一定要放在自己使用的餐盘或筷架上。

④ 不能舔筷。用舌头去舔筷子上的食物，十分不雅观。

⑤ 不能敲筷。在等待过程中，不能用筷子敲打碗碟。

⑥ 不滥用筷。筷子是用来夹菜的，不能用它来代替牙签，更不能用自己的筷子给别人夹菜。

(2) 使用勺子的礼仪。

摆在自己面前的汤勺是自己用来喝汤的，不能当公勺使用，更不能把勺子塞到嘴里反复舔食。

(3) 使用牙签的礼仪。

不能当众剔牙，一定要用一只手遮住嘴部进行；剔出来的食物不要乱弹出去；忌把牙签咬在嘴角，更不能用剔过牙的牙签去叉别的食物。

(4) 使用骨碟的礼仪。

骨碟用来盛菜，一次不能夹太多的菜堆放在上面。

骨碟的另一个作用是盛放食物残渣。有的人常把食物残渣直接吐在台布或地上，这是十分失礼的。应该把食物残渣放在骨碟上的一边。如果骨碟里食物残渣满了，请服务生更换。

(5) 小毛巾的使用礼仪。

就餐前，服务生都会用毛巾碟送上一块卷好的湿毛巾，可以用来擦手或擦嘴角，切忌用它来擦脸、擦脖子、擦汗。

(6) 夹菜的礼仪。

夹菜时，一次不要夹太多，更不要夹起菜又放回菜盘，或在餐盘里翻来覆去搅动。

如果想吃的那道菜离你较远，不要站起来，餐台能转的话，就等那道菜转到自己的面前再夹。如果餐台不能转动，请别人帮助你。

在用餐时，可以劝人多吃一些，但不可以擅自做主，主动用自己的筷子为他人夹菜、添米饭。

小贴士

如果要转动餐台，一定要环顾一下是否有其他客人正在夹菜，如果有，要等他夹完菜后再转动。

4. 中餐注意事项

中餐与西餐的区别就是，西餐吃的是环境，中餐吃的是气氛。即便如此，也有很多就餐礼仪需要注意。

如果在外宴请，做东者在点菜时须注意以下几点：

第一，点菜时，有多少人、需要点多少道菜，要做到心中有数。

第二，了解中餐上菜次序：冷盘→热炒→主菜→点心和汤(甜点配甜汤，咸配咸汤)→水果拼盘。

第三，要搭配妥当，荤菜、素菜、凉菜、热菜、特色菜、酒要注意搭配。

小贴士

中国传统上菜的习惯是，如果上的是整只鸡、鸭或鱼，讲究“鸡不献头，鸭不献掌，鱼不献背”，要把最好的部位朝向主宾以示尊重。

(1) 点菜。

如果你是受邀者，主人请你点菜，需要注意以下几点：

第一，不要乱点菜，一定要懂得搭配。

第二，不要点很多自己爱吃的菜。

第三，不要评论别人点的菜，这样做很没有礼貌。

第四，如果你是受邀者，最好的办法就是告诉主人自己没有什么要求，把点菜的任务交还给做东者。如果推辞不了，最好点一道价格适中的菜，然后把菜单交给其他人点。

(2) 坐姿。

入座后，坐姿要端正，双手可以平放在膝盖上或放在椅子扶手上。不能用手托腮支在桌面上，或双臂平放在餐桌上，更不能东张西望，大声呼来唤去。

(3) 耐心等待。

在等待过程中，客人不要急于翻动菜单或摆弄餐巾、餐具。

(4) 主人先用餐。

就餐时，主人没有打开餐巾、没有拿起筷子，客人不可先动筷子就餐。

(5) 中餐饮酒礼仪。

① 用餐前需要倒酒。

中餐有个习惯，就餐前，主人通常会为了表示热情，主动为来宾倒酒。如果主人为你倒酒，要表示感谢。南方有行“叩手礼”表示感谢的，即用右手食指和中指并在一起，指尖轻叩桌面以示谢意。

② 祝酒词。

中餐讲究宴会开始前，主人说祝酒词。

作为主人，在讲祝酒词时应简短，避免冗长，以免让大家长时间举着酒杯等候而无法用餐。

作为客人，主人或主宾致祝酒词时，应该暂停进餐或交谈，注视对方，认真倾听，不要去做别的事情或轻声说话。

③ 干杯。

祝酒词结束后，往往要举杯饮酒。

提议干杯的人应起立举杯，面带微笑，说些祝福语，比如“祝工作顺利”“身体健康”“合作愉快”等。

被敬酒者也应该起立，右手举杯与双眼齐高，左手托杯底，口中说“干杯”，酒要一饮而尽或要饮一半。如果你不能喝酒，此时也要起立，拿饮料杯或茶水杯与大家“干杯”。

中餐讲究“有敬就有回”。主人或其他嘉宾向你敬了一杯酒，你一定要在适当的时机“礼尚往来”一下，应当回敬对方一杯。

主桌未敬酒，其他桌的客人不能先起立祝酒。

碰杯时有个小细节需要注意，为了表达对对方的敬意，自己的杯口应略低于对方的杯口。两人若相距较远，无法碰到杯子，可以把酒杯的杯底轻碰一下桌面或注视对方，高举一下酒杯，示意碰杯。

④ 喝酒一定要适量。

不要强行灌酒。这种方式并不是感情深的体现。

喝酒不酗酒。喝酒要适量，不可一碰酒杯就喝得昏天黑地。

喝酒不耍酒疯。不可借着酒劲，胡言乱语，失言失态，让人心生厌烦。

⑤ 注意交流。

在宴会上，要学会和身边的客人交流，照顾其他客人。默不作声或只顾自己吃喝都是不礼貌的。

⑥ 吃相要优雅。

吃得满脸是汗、嘴角油污、汤汁四溅，不仅自己失态，还会影响其他人的食欲。

案例分析

小王年轻肯干，点子又多，总经理很欣赏他，并有意提拔他为营销部经理。有一次，总经理要去参加一个商品展览会，带上小王一起前往。

出发前，由于司机小李有事尚未回来，所以他们临时改为搭乘董事长驾驶的轿车一同前往。上车时，小王很麻利地打开了前车门，坐在驾车的董事长旁边的位置上，董事长看了他一眼，但他并没在意。车上路后，董事长驾车很少说话，总经理好像也没有兴致，似在闭目养神。为活跃气氛，小王找了一个话题：“董事长驾车技术不错，有机会也教教我们，如果都自己开车，办事效率肯定会更高。”董事长专注地开车，不置可否，其他人均无应和，小王感到没趣，便也不再说话。一路上，除董事长向总经理询问了几件事，总经理简单地作回答之外，车内再也无人说话。到达目的地后，小王悄悄问总经理：“董事长好像有点不太高兴？”总经理很严肃地说：“不光董事长不高兴，我也不高兴，自己好好想想。”小王摸摸脑袋，还是没想明白。回到公司后，小王去问了办公室要好的同事，同事听了告诉他原因，他才恍然大悟：“哦，原来如此。”

请分析董事长和总经理不高兴的原因。

3.4 馈赠礼仪

自古以来，人们信奉礼尚往来的行为规范，它更是人际交往、维系社会关系的重要手段。馈赠礼仪有一个复杂的文化体系，送礼物要因人、因事而异，分为百姓人家的馈赠，国家之间的馈赠，节庆、节令时节的馈赠，人生历程中的致喜、庆贺、问候的馈赠，家族亲属之间的馈赠，同事之间的馈赠，补偿性的馈赠，回报式的馈赠等。

馈赠是人们在交往过程中通过赠送礼物，来表达对对方尊重、敬佩、祝贺、感谢、慰问、哀悼等情感和意愿的一种交际行为。作为一种非语言的交际方式，馈赠是以物的形式出现，以物表情，礼载于物，起到寄情言意的“无声胜有声”的作用。得体的馈赠，就好比无声的使者，能给交际活动锦上添花，给人们的感情和友谊注入新的活力。

1. 馈赠的基本原则

认真研究和把握馈赠的基本原则，是馈赠活动顺利进行的重要前提。礼品馈赠的基本原则可以概括为 5W 和 1H。

第一个 W 是对象(Who)，即事先明确送礼的对象。为了达到良好的沟通效果，馈赠时要事先获取馈赠对象的性别、年龄、职位、身份、性格和喜好等信息，以便选择合适的礼品。

第二个 W 是性质(Why)，即明确送礼的性质。公务性送礼(组织机构之间送礼)，多以交际和公关为目的。这种性质的送礼，针对交往中的关键人物和部门，达到为组织(单位)带来经济效益或发展机会的目的。有些企业利用送礼的机会达到广告宣传效应。个人之间送礼，则是以建立友谊、沟通感情、巩固和维系人际关系为目的。这种性质的送礼，一般讲究“礼尚往来”。所送礼品不一定价格昂贵，重在情，重在送礼的方式。

第三个 W 是礼品(What)，即明确送什么礼。礼品是情感的象征或媒介，可以是一束鲜花、一张卡片或一件纪念品，也可以是其他的形式。馈赠时应根据馈赠目的来考虑礼品的种类、价值的大小、档次的高低、包装的样式和蕴涵的情义等，要轻重得当。送人礼品与做其他事情一样，忌千篇一律，应精心构思、富于创新、力求新颖，令受赠者感动。

第四个 W 是时机(When)，即明确什么时候送。就馈赠的时机而言，尽量是“及时雨”“雪中送炭”，因为只有在对方最需要时送出，礼物才是珍贵的，才是最难忘的。因此，要把握好馈赠礼品的时机，包括时间的选择和机会的择定。时间贵在及时，超前或滞后都达不到馈赠的目的；机会贵在事由和情感及其他需要的程度，“门可罗雀”时与“门庭若市”时相比，人们对馈赠的感受会有天壤之别。显然，向处于困境者馈赠礼品，其所表达的情感就更显真挚和高尚。

第五个 W 是场合(Where)，即明确在什么地点送。馈赠场合主要分为公务场合与私人场合，应根据馈赠的内容和目的来选择适当的场合。

一个 H 是指怎么送(How)，即明确送礼的方式。需要注意两点：一是必须确定赠送者的身份，如受礼者是重要的客人，为表示重视，就需要由己方地位最高者赠送；二是要对礼品作适当说明，说明礼品所代表的寓意，介绍礼品的用途，强调礼品的特殊价值。

礼仪故事

千里送鹅毛，礼轻情意重

唐朝贞观年间，回纥(后改为回鹘)国为了表示对大唐的友好，派使者缅伯高带了一批奇珍异宝去拜见唐王。在这批贡物中，最珍贵的要数一只罕见的珍禽——白天鹅。缅伯高最担心的也是这只白天鹅，万一它有个三长两短，可怎么向国王交代呢？所以一路上，他亲自喂水喂食，一刻也不敢怠慢。这天，缅伯高来到沔阳河边，只见白天鹅伸长脖子，张着嘴巴，吃力地喘息着，缅伯高心中不忍，便打开笼子，把白天鹅带到水边让它喝了个痛快。谁知白天鹅喝足了水，一扇翅膀飞上了天。缅伯高向前一扑，只拔下几根羽毛，却没能抓住白天鹅，眼睁睁看着它飞得无影无踪。一时间，缅伯高捧着几根雪白的鹅毛，直愣愣地发呆，脑子里来来回回地想着一个问题："怎么办？进贡吗，拿什么去见唐王？回去吗，怎么见回纥国王？"思前想后，缅伯高决定继续前行。他拿出一块洁白的绸子，小心翼翼地把鹅毛包好，又在绸子上题了一首诗："天鹅贡唐朝，山重路更遥。沔阳河失宝，回纥情难抛。上奉唐天子，请罪缅伯高。物轻情意重，千里送鹅毛！"缅伯高带着珠宝和鹅毛，披星戴月，不辞劳苦，不久就到了长安。唐太宗接见了缅伯高，缅伯高忐忑地献上鹅毛。唐太宗看了那首诗，又听了诉说，非但没有怪罪他，反而觉得缅伯高忠诚老实，不辱使命，就重重地赏赐了他。

从此，"千里送鹅毛，礼轻情意重"的故事广为流传。

2. 馈赠注意事项

赠什么固然重要，但怎么赠、赠的方式、赠的人是谁，也许更重要。赠送礼品时要注意以下几方面。

(1) 把握时机与方式。赠送礼品应考虑具体情况和场合。一般在赴私人家宴时，应为女主人带些小礼品，如花束、水果、土特产等；有小孩的，可送玩具、糖果。应邀参加婚礼，除艺术装饰品外，还可赠送花束及实用物品。新年、中秋节时，一般可送日历、酒、茶、糖果等。

礼品一般应当面赠送，但有些情况下，如参加婚礼，可事先送去。

礼贺节日、赠送年礼，可派人送上门或邮寄。这时应随礼品附上送礼人的名片，也可手写贺词，装在大小相当的信封中，信封上注明收礼人的姓名，贴在礼品包装的上方。

赠送礼品要把握分寸，通常情况下，当众只给某一个人赠礼是不合适的，会有行贿受贿之嫌，而且会给没有受礼的人受冷落和受轻视之感。

(2) 态度友善，言辞勿失。送礼时要注意态度、动作和语言表达。平和友善、落落大方的动作并伴有礼节性的语言表达，要"礼仪"与"礼品"并行，才是受礼方乐于接受的。

将礼品置于桌下或房间某个角落的做法，不仅达不到馈赠的目的，甚至会使对方产生不愉快。在对所赠送的礼品进行介绍时，应该强调的是自己对受赠一方所怀有的好感与情义，而不是强调礼物的实际价值，否则，容易给人重礼而轻义的印象。

(3) 顾及习俗礼俗。因人因事因地施礼，是社交礼仪的规范之一，对于礼品的选择，也应符合这一规范要求。礼品的选择，要针对不同的受礼对象区别对待。一般说来，对家贫者，以实惠为佳；对富裕者，以精巧为佳；对恋人、爱人，以纪念性为佳；对朋友，以趣味性为佳；对老人，以实用为佳；对孩子，以启智新颖为佳；对外宾，以特色为佳。

(4) 送礼禁忌。大贺大喜之事，所送之礼，均好双忌单，但广东人忌讳"4"这个偶数，因为在广东话中，"4"听起来像"死"，是不吉利的。白色虽有纯洁无瑕之意，但中国人比较忌讳，因为在中国，白色常是大悲之色和贫穷之色。同样，黑色也被视为不吉利，是凶灾、哀丧之色。而红色，则是喜庆、祥和、欢庆的象征，受到人们的普遍喜爱。另外，我国人民还常常讲究给老人不能送钟表，给夫妻或情人不能送梨，因为"送钟"与"送终"

谐音，“梨”与“离”谐音，是不吉利的。还有，不能为健康人送药品，不能为异性朋友送贴身的用品等。

小贴士

几不送原则

✧ 不送过于昂贵的礼物。
✧ 不送便宜的产品或者伪劣产品。
✧ 不送不合时宜、不健康的礼物。
✧ 不送容易让对方产生误解的物品。
✧ 不送触犯对方禁忌的物品。

3. 礼品包装

送礼时，若对礼品略加修饰就会令简单的礼品显得精致起来，使收到礼品的人感到赏心悦目，以收到视觉上的效果。精美的包装不仅使礼品的外观更具艺术性和高雅的情调，能显现出赠礼人的文化和艺术品位，而且还可以使受礼人对礼品产生和保持一种神秘感，既有利于交往，又能引起受礼人的兴趣和探究及好奇心理，从而令双方愉快。好的礼品若不讲究包装，不仅会使礼品逊色，使其内在价值大打折扣，而且还易使受礼人轻视礼品的内在价值，折损由礼品所寄托的情谊。

礼品的包装要注意以下几个方面。

(1) 包装不能有损礼品。

有污染性或刺激气味的包装材料不但会损毁礼品，也会直接危及受礼者的健康与安全。因此包装的材料、造型和结构要合理。如果要经过长途运输或携带，那么还要考虑包装的牢固、耐磨、耐压甚至防水等，以免长时间的消耗使包装面目全非，并影响到礼品本身。易碎的礼品一定要装在硬质材料的盒子里，然后填充防震料，如海绵、棉花等，外面再用礼品纸包装。包装的长、宽、高和结构要便于携带。如果因包装破坏了原礼品的外观或影响了它的使用，则会使受礼者不能对礼品有一个全面了解，也会破坏礼品在受礼者心目中的形象。

(2) 礼品包装要富有创造性。

多数人一直在用购买的礼品包装物来设计那种便利而世俗的包装，通常还是在最后一分钟进行的，考虑得很不周全。其结果常常是向受礼人传递这样的信号，即送礼者有其他事情，匆匆忙忙找了件礼物。精心挑选的包装礼品能体现出一定的艺术性，培养自己的包装技能。除了专用包装纸外，还可以找一些有创意的布料、壁纸、特种纸包礼品，并且可用漂亮的缎带、装饰花把礼品包起来，通过它们可增加艺术效果，起到画龙点睛的作用。多费一些心思在礼品包装上，代表你非常在乎对方，不只是随便送送而已。你所花的每一点心思，别人都会感受到。

(3) 礼品包装要注意有提示。

包装完毕后，通常应贴上写有祝词和签名的彩色礼物卡片，一是以表达自己的情感和诚意，二是避免受礼者因送礼人多而弄不清到底是谁送的礼。

小贴士

给病人送礼要考虑对方的身体

如果给病人送礼，一定要注意对方的身体。如看望呼吸道疾病患者就不能送花，以免花粉、花香使病人病情加重。花的颜色也要注意，对于中国人来说，不能送病人白色的花。

4. 受赠礼仪

(1) 礼貌收礼。

受礼者应在赞美和夸奖声中双手捧接收下礼品，并表示感谢。受礼时不可畏畏缩缩、故作推辞或表情冷淡、不屑一顾。

(2) 视情拆封。

视具体情况，或拆看，或只看外包装。在中国，受礼人收礼后一般要等客人走后才打开；而外国人则习惯当着客人的面打开包装。拆开礼品时动作要舒缓得当，不可乱扯乱撕，也不可草率打开后丢置一旁、不理不睬。看到礼品后应赞美礼品的精致、优雅或实用，夸奖赠礼者的周到和细致，并伴有感谢之词。还可伴有请赠礼人介绍礼品功能、特性、使用方法等的邀请，以示对礼品的喜爱。如果收到的礼品不合心意，也应当像接受自己所喜欢的礼品一样，说上几句感激对方和赞美礼品的话。

(3) 婉言拒绝。

只要不是贿赂性礼品，一般最好不要拒收。如果觉得送礼者别有所图，应向他明示自己拒收的理由，态度可坚决，而方式要委婉。

(4) 来而有往。

接受了他人的馈赠，应想办法回礼才算礼貌。中国人崇尚礼尚往来，外国人同样重视。尽管在接受馈赠时无法马上回礼，但是在日后，也应准备礼物回赠对方。

知 识 链 接

外事礼品赠送礼仪之馈赠禁忌

同一礼品在不同的国家、不同的地区、不同的民族里往往会有不同的寓意。因此，在接待活动中，为外方人士挑选礼品时，最好不要冒犯对方的有关禁忌。在涉外交往中有“涉外交往九不送”的说法，主要包括以下内容。

1. 一定数额的现金、有价证券

在许多国家，这类物品都是政府部门或者公司、企业明文规定禁止接受的。不接受现金、有价证券或实际价值超过一定金额的物品，不仅是一项常规的职业禁忌，而且被视为反腐倡廉的应有之举。

2. 天然珠宝、贵金属饰物及其他制成品

原因与第一类相同。

3. 药品、补品、保健品

在国外，个人的健康状况属于绝对隐私，将与健康状况直接相关的药品、补品、保健品送给外方人士，往往会不受欢迎。

4. 冒犯受赠对象的物品

若礼品本身的品种、形状、色彩、图案、数目或寓意冒犯了受赠者的职业、民族或宗教禁忌，会使馈赠行为产生不好的影响。

5. 容易引起异性误会的物品

向异性赠礼时，务必要三思而后行，切勿弄巧成拙，误向对方传递错误的信息。

6. 广告性、宣传性物品

若将带有明显广告性、宣传性或本单位标志的物品送与对方，会被误解为有意利用对方，或借机进行政治性、商业性宣传。

7. 以珍稀动物或宠物为原材料制作的物品

出于维护生态环境、保护珍稀动物的考虑，在任何时候都不要赠送此类物品。

8. 有悖现行社会规范的礼品

挑选礼品时，一定要遵守法律、道德等现行的社会规范。现行社会规范不仅指我国现行的社会规范，还包括交往对象所在国家现行的社会规范，以免跨越法律、道德的界限。

9. 涉及国家机密、行业秘密的物品

在外事活动中，我方人员要有高度的国家安全意识与保密意识。在任何情况下，都不可自作主张，未经批准擅自将内部文件、统计数据等有关国家、行业的核心秘密随意赠送给外方人士。否则，不仅有损国家利益或行业利益，而且还可能因此而受到法律的制裁。

案例分析

小李和小王是一对非常要好的铁哥们，小王对小李提起自己要求婚的事情时，小李很乐意为自己的好兄弟筹备此事。在筹备的过程中，由于疏忽，没有准备玫瑰花，而是觉得只要有花就可以了，于是去买了一些康乃馨。

求婚当天，小李递给小王一大束康乃馨，小王见了花，面色发生巨大变化，迟迟不肯接小李递的鲜花，部分嘉宾也在旁边窃笑：求婚怎么用康乃馨呀！这让小王很是尴尬，便说道："你怎么准备的是康乃馨，为什么不是玫瑰呢？" 小李顿时也很尴尬地说："我以为只要是花都可以。" 这件事的发生，破坏了求婚的气氛。

请分析造成此尴尬局面的原因。

3.5 宴请礼仪

宴请是为了表示欢迎、答谢、祝贺、喜庆等举行的餐饮活动，以增进友谊和融洽气氛，是最常见的交际活动形式。根据不同的交际目的、邀请对象等因素，常见的宴请形式有宴会、招待会、茶会、工作餐等。宴请的形式多样、礼仪繁多，掌握其礼仪规范是十分重要的。

一、宴会准备礼仪

宴请是一种社交性活动，是对宾客的一种礼遇，必须按礼节礼仪的要求进行准备。

1. 确定宴请对象、范围、规格

宴请的目的一般很明确，如节庆日聚会、贵宾来访、工作交流、结婚、祝寿等。根据不同目的来决定宴请的对象和范围，即请哪些人、请多少人，并列出客人名单。在确定邀请对象时应考虑到客人之间的关系，以免出现不快和尴尬的局面。宴请规格的确定一般应考虑出席者的最高身份、人数、目的、主宾情况等因素。规格过低，会显得失礼、不尊重；规格过高，则造成浪费。

2. 确定宴请的时间、地点

宴请的时间和地点，应根据宴请的目的和主宾的情况而定。一般来说，宴请的时间安排应对主宾双方都较为合适，最好事先征求一下主宾的意见，尽量为客人着想，避免与工作、生活安排发生冲突，通常安排在晚上 6～8 点。在时间的选择上还不宜安排在对方的重大节日、重要活动之际或有禁忌的日子和时间。宴请的地点也应视交通、宴会规格和主宾的情况而定，如是官方隆重的宴请活动，一般安排在客人下榻的宾馆酒店内举行；企事业单位的宴请，有条件的可在本单位的饭店或附近的酒店进行。

小贴士

宴请外国朋友，要避开西方禁忌日或禁忌数，如欧美人忌讳 13；日本人忌讳 4 和 9；韩国人忌讳 4，在饮茶或饮酒时，主人总是以 1、3、5、7 的数字来敬酒、献茶、布菜。

3. 邀请

邀请的形式有两种，一是口头的，一是书面的。口头邀请就是当面或者通过电话把活动的目的、名义以及邀请的范围、时间、地点等告诉对方，然后等待对方答复，对方同意后再安排活动。书面邀请也有两种方式，一种是比较普遍的发请柬；还有一种就是写“便函”，这种方式目前使用较少。书面邀请应注意以下礼仪。

(1) 掌握好发送时间。

国内邀请按被邀请人的距离远近，一般以提前 3～7 天为宜。过早，客人可能会因日期长久而遗忘；太晚，会使客人措手不及，难以如期应邀。

(2) 发请柬的方法。

请柬上面应写明宴请的目的、名义、时间、地点等，然后发送给客人。请柬发出后，应及时落实出席情况，做好记录，以安排并调整席位，即使是不安排席位的活动，也应对出席率有所估计。

请柬行文要注意以下几个要点：

① 写清目的。明确目的就是要说明“为什么宴请”这件事情，一般的写法是，谨定于某年某月某日，在什么地方举行一个什么样的活动，然后敬请对方光临。

② 行文格式。当然，有一些小型的宴会或者是很熟的朋友聚会，就不一定要严格按此格式，可以简单写上“谨定于某年某月某日，举行一个宴会(招待会或家宴)”即可。

③ 文字措辞。请柬上的文字务必要简洁、清晰、准确，对时间、地点和人名等要反复核对，做到正确无误、万无一失。措辞要典雅、亲切、得体，例如，不能把“敬备茶点”写成“有茶点招待”，不能把“敬请光临”写成“准时出席”，不能把“谨此奉告”写成“特此通知”，等等。另外，不要把还没有结婚的写成了“夫妇”，或者对丧偶的也写上“夫妇”，引起对方触字伤怀，这就失礼了。

请柬范文如下：

××先生：

小女××八月十日于归，荷蒙厚仪，谨订于是日下午五时淡酌候教

××鞠躬

席设聚宝酒楼餐厅

恕不介催

×××

××年×月×日

以上任何一个环节都不可失礼，否则将严重破坏个人或组织形象。总之，邀请无论以何种形式发出，均应真心实意，热情真挚。邀请发出后，要及时与被邀者取得联系，以便做好客人赴宴的准备工作。

4. 菜谱的安排

宴会菜谱应根据宴会的规格来确定，总的原则是考虑客人的身份以及宴请的目的，做到丰俭得当。整桌菜谱应有冷有热，荤素搭配，有主有次，主次分明，既突出主菜，以显示菜肴的档次，又配一般菜，以调剂客人的口味，如特色小炒、传统地方风味菜等，以显示菜肴的丰富。具体菜肴的确定，还应以合适多数客人的口味为前提，尤其要照顾主宾的饮食习惯。

5. 席位安排礼仪

中餐宴会往往采用圆桌布置，通常 8～12 人为一桌。如果有两桌或两桌以上安排宴请，排列桌次应以“面门为上，以近为大，居中为尊，以右为尊”为原则，其他桌次按照离主桌“近为主、远为次，右为主、左为次”的原则安排。

6. 宴请程序

迎客时，主人一般在门口迎接。官方活动除主人外，还有少数其他主要人员陪同主人排列成行迎宾，通常称为迎宾线，其位置一般在宾客进门存衣以后进入休息厅之前。与宾

客握手后，由工作人员引入休息厅或直接进入宴会厅。主宾抵达后，由主人陪同主宾进入宴会厅，全体宾客入席，宴会开始。若宴会规模较大，则可请主桌以外的客人先入座，贵宾后入座。若有正式讲话，可以一入席即由宾主双方讲话，也可以在热菜之后甜食之前由主人讲话，接着由主宾讲话。冷餐会及酒会讲话时间则更灵活，吃完水果，主人和主宾起立，宴会即告结束。

二、赴宴的礼仪

宾客参加宴会，无论是代表组织，还是以个人身份出席，从入宴到告辞都应注重礼节。这既是个人素质与修养的表现，也是对主人的尊重。

1. 认真准备

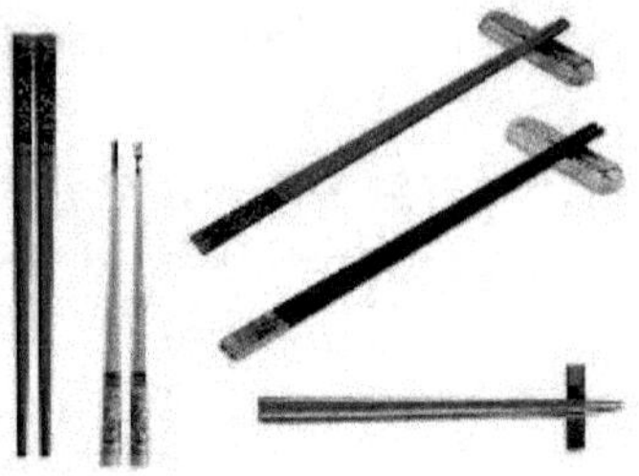

接到邀请，能否出席应尽早答复对方，以便主人安排。一旦确定出席，就不要随意改动，万一遇到特殊情况不能出席，尤其是主宾，要尽早向主人解释、道歉，甚至亲自登门表示歉意。应邀出席一项活动之前，要核实宴请的主人，活动举办的时间、地点，是否邀请配偶以及对服饰的要求。

出席宴会之前，一般应梳洗打扮。女士要化妆，男士梳理头发并剃须，衣着要求整洁、大方、美观。如果参加家庭宴会，可给女主人准备一份礼品，在宴会开始之前送给主人。礼品价值不一定很高，但要有意义。

小贴士

送礼一定要“入乡随俗”，先弄清楚对方的信仰、习惯和送礼禁忌，然后再挑选礼品。如果真的不知道送什么，可以大方地先打个电话询问一下。这一点，西方国家与中国是有差异的。

2. 按时抵达

按时出席宴会是最基本的礼貌。出席宴请活动，抵达的迟早、逗留时间的长短，在一定程度上反映了对主人的尊重，应根据活动的性质和当地习俗而定。迟到、早退、逗留时间过短，都被视为失礼或有意冷落。身份高者可略晚些到达，一般客人宜略早些到达。出席宴会要根据各地习惯正点或适当提早抵达。出席酒会可以在请柬注明的时间内到达。抵达宴会活动地点，先到衣帽间脱下大衣和帽子，然后前往迎宾处，主动向主人问候。如果是庆祝活动，应表示祝贺。对在场其他客人，均应点头示意互致问候。

3. 物品存放

在正式的宴请中，当抵达聚会的地方时，如果外穿的有大衣外套，一定要把外套交给服务生，存放在衣帽间。不可穿着厚厚的大衣外套与他人交流。自己随身携带的手提袋或贵重物品带在自己的身边。

4. 礼貌入座

应邀出席宴会活动，应听从主人的安排，在进入宴会厅之前先掌握自己的桌次和座位。入座时，注意桌上座席卡是否写有自己的名字，不可随意入座。如邻座是长者或女士，应主动协助，帮助他们先坐下。入座后坐姿要端正，不可用手托腮或将双肘放在桌上。坐时应把双脚踏在本人座位下，不可随意伸出，影响他人。不可玩弄桌上的酒杯、碗盘、刀叉、筷子等餐具。

5. 注意交谈

坐定后，如已有茶，可轻轻饮用。无论是主人还是宾客或陪客，都应与同桌的人交谈，特别是左邻右座，不可只与几位熟人或一两人交谈。若不相识，可自我介绍。谈话要掌握时机，要视交谈对象而定。不可只顾自己一人夸夸其谈，或谈一些荒诞离奇的事而引人不悦。

6. 文雅进餐

宴会开始时，一般是主人先致祝酒辞。此时应停止谈话，不可吃东西，注意倾听。致辞完毕，主人招呼后即可开始进餐。

进餐时要注意举止文雅，取菜时不可一次过多。盘中食物吃完后如果不够，可以再取。吃东西要闭嘴嚼，不可发出声响。要将食物送进嘴里，不可伸出舌头去接食物。嘴里有食物时不可谈话。剔牙时，要用手或餐巾遮口，不可边走动边剔牙。

知识链接

筷子使用礼仪

使用筷子时有以下行为会被视为缺乏修养、没有素质，令人反感。

(1) “三长两短”：筷子没有对齐，出现一长一短的情况。

(2) “仙人指路”：拿筷子时食指伸出，总在不停地指向别人，有“骂大街”之意。

(3) “执箸巡城”：举着筷子犹豫不决，不知道夹哪道菜，来回在菜盘上巡探。

(4) “迷箸刨坟”：用筷子在碗盘里翻找挑拣，在菜盘里不住地扒拉。

(5) “当众上香”：把筷子竖插在食物上面，有祭奠、上香之嫌。

(6) “泪箸遗珠”：在夹汤汁多的菜肴时用筷子抖掉汤汁，或者将菜汤流落到其他菜里或桌子上。

(7) “交叉十字”：在用餐时将筷子随便交叉放在桌上。

(8) “击盏敲盅”：用筷子敲打碗盘的边缘(击盏敲盅的动被看作乞丐要饭的行为)。

(9) “品箸留声”：筷子上残留着食物，用舌头去舔或含筷子；用嘴来回嘬，发出声音。

(10) 用筷子在汤碗中夹取食物或不断在其中搅拌。

7. 学会祝酒

举杯祝酒时，主人和主宾先碰，人多时可以同时举杯示意，不一定碰杯。祝酒时不可交叉碰杯。在主人和主宾祝酒、致辞时应停止进餐，停止交谈。主人和主宾讲话完毕与贵宾席人员碰杯后，往往到其他席敬酒，此时应起立举杯。碰杯时要注视对方，以示敬重友好。宴会上相互敬酒表示热烈的气氛，但切忌饮酒过量，一般应控制在本人酒量的 1/3 以内，不可饮酒过量、失言失态。如不能喝酒，可以礼貌地声明，但不可以把杯子倒置。

8. 告辞致谢

宴会结束一般先由主人向主宾示意，请其做好离席准备，然后从座位上站起，这是请全体起立的信号。一般以女主人的行动为准，女主人先邀请女主宾离席，退出宴会厅。告辞时应礼貌地向主人道谢，通常是男宾先向男主人告辞，女宾先向女主人告辞，然后交叉，再与其他人告辞。席间一般不应提前退席，若确实有事需提前退席，应在向主人打招呼后轻轻离去。

对主人的宴请表示感谢，除了在宴会结束告辞时表示之外，若正式宴会，还可在 2～3 天内以印有“致谢”字样的名片或便函寄送或亲自送达表示感谢。

三、西餐礼仪

西餐是对西方国家餐饮的一种统称，其基本特点是要用刀叉进食。但是严格地讲，英国菜、俄罗斯菜、法国菜、意大利菜、西班牙菜等还是有很大区别的，不过在国人眼里，因其有很大的共性而被我们统称为西餐。随着生活方式的更新和社会交往的活跃，我国吃西餐的人越来越多。在涉外活动中，为照顾国外客人的饮食习惯，有时也要用西餐来招待客人。西餐十分注重礼仪，讲究规矩，所以，了解一些西餐方面的知识是十分重要的。

西餐大致可以分为两类：一是以英法、德、意等国为代表的西欧式，又称“欧式”，其特点是选料精纯、口味清淡，以款式多、制作精细而享有盛誉；二是以苏联为代表的“东欧式”，也称“俄式”，其特点是味道浓、油重，以咸、酸、甜、辣皆具而著称。此外，还有在英国菜基础上发展起来的美式西餐等。美式西餐讲究甜品，喜欢用水果做菜，刀叉等餐具的用法也略有不同。

1. 西餐餐具的使用方法

(1) 刀叉的使用方法。

刀叉的使用方法为右手执刀，左手持叉，先用叉子把食物按住，然后用刀从食物的左侧开始切，切成小块，再用叉送入嘴内。欧洲人边切边吃，使用时不换手，即从切割到送食物入口均用左手。美国人则将食物切完后，将刀放下，换右手持叉送食入口。正餐一般有两三副刀叉，吃一道菜换一副刀叉。取用时，按照顺序由外侧向内侧取，先拿最外面的一副，它比较小，是用来吃色拉的；然后再拿中间的，一般用来吃海鲜；最后再拿最里面的一副，这一副是吃主菜的，一般为锯齿状，可以吃牛排等肉类。

西餐餐具摆放

较为正式的宴席通常摆放有多副餐具。右边：从里往外是主菜刀、一把鱼刀或一把汤勺、一把头盘菜用刀。左边：从里往外是一把主菜用叉、一把鱼叉、一把头盘菜用叉。垫盘上方：一把甜食叉、一把甜食勺或刀。左边外侧：一个面包盘和一把黄油刀。面包盘要放在最外端叉子的左边。黄油刀放在盘上右侧，刀锋向左，应与垫盘右边的其他刀子呼应。

摆置刀与叉所传达出来的信息：用餐中为八字形，叉正反面朝上皆可，而刀刃侧必须面向自己。任何情况，刀刃的一侧必须面向自己，而且不可将刀叉的一端放在盘上，另一端放在桌上。刀刃指向他人时，就具有敌意了。用餐结束后，可将叉的正面向上，刀的刀刃侧向内与叉并拢，平行放置于餐盘右侧。进餐中需要暂时放下刀叉时，应摆成“八”字形，分别放在餐盘边上。刀刃朝向自己，表示还要继续吃。尽量将柄放入餐盘内，这样可以避免由于碰触而掉落，服务生也容易收拾。没用过的刀子，放在原位即可，服务生会自动将它收走。

表示暂停或吃完的刀叉摆放如下图所示。

“暂停，没吃完，一会儿还回来吃”

“吃完了，可以撤走餐盘”

(2) 汤匙的使用方法。

持匙用右手，持法同持叉，但手指务必持在匙柄之端。除喝汤外，不用匙取食其他食物。汤匙是放在右手的刀的外侧，常有两把或者三把。放两把时，一把是喝汤的，一把是吃甜品的；如有三把，则另一把是喝红茶、喝咖啡的。

要注意汤匙的几个用法：第一，要从外侧向内侧取；第二，汤匙是不能送入嘴里的，一般勺子边缘到嘴边后就将食物倒进去；第三，汤匙不用的时候不能在杯子里面竖立，要平置于盘内。

汤匙舀汤时和中餐的方向不同，应由中心部位向外侧，再回环送入嘴边。喝完汤之后，应该把汤匙放在餐盘对面的一方。要注意餐匙绝对不能直接用来舀取任何主食或者菜肴；已经开始使用的餐匙不能放回原处，也不能弄得很脏。

2. 餐巾的使用方法

西餐的餐巾使用很有讲究。餐前准备时，餐巾会被折叠成很多花式用来装点餐桌。用餐时，一般把餐巾叠成长条形或者三角形铺在腿上。在中国，也可把餐巾一角压在餐盘垫盘之下，使餐巾搭在腿上，防止进餐时油渍直接洒落在衣服上。餐巾可以擦嘴，但是不能擦刀叉，也不能擦脸和手。使用时，拿起餐巾一角沾拭嘴部。不能把餐巾围在脖子上、系在腰上、掖在裤腰带上或放在其他地方。

餐巾除了本身的功能外，还有寓意。正式宴请中，当女主人把餐巾铺在腿上是宴会开始的表示。女主人把餐巾放在桌子上，是宴会结束的标志。当女主人没有打开餐巾时，不能自行取下餐巾使用。当女主人将餐巾放到桌上时，应停止用餐。如果自己用餐完毕，也应把自己的餐巾放置于桌前。如果中途要短暂离开，应将餐巾放在椅子上，以示即将回来继续用餐。

3. 杯具的使用方法

西餐的特点是讲究用餐的同时，享受一种优雅、浪漫和温馨的氛围。酒是能够营造浪漫氛围的特殊饮品，所以酒在西餐中有着特殊的地位。不仅种类繁多，而且各有配菜，各有各的喝法。因此，酒杯的选择和使用也是非常讲究的。通常，不同的酒杯用来喝不同的酒。香槟杯、红葡萄酒杯、白葡萄酒杯等，一般是不可缺少的。郁金香状的高脚杯，可用来盛装葡萄酒；空心角杯和浅碟形杯用来装香槟酒；装威士忌采用小杯或矮而口宽的玻璃水晶杯；白兰地杯是带矮脚的气球型的大酒杯；鸡尾酒杯是漏斗形高脚酒杯，有大口杯和“V”形杯之分。

西餐酒杯

在每位用餐者右边餐刀的上方，都会摆三四只酒水杯。除酒杯外，还有茶杯、咖啡杯，均为瓷器杯，并配有小碟。可依次由外侧向内侧使用，也可以跟随女主人的选择。应根据所选饮品，使用不同的杯子。品葡萄酒时，应手持酒杯杯柱，因为捧杯时手的温度将影响酒的口感。

4. 西餐上菜程序

西餐上菜从前菜到咖啡都有一定的程序，最传统的套餐上菜程序为：前菜→汤→鱼类料理→肉类料理 1(主菜)→水果冰点→肉类料理 2→沙拉→甜点→水果、咖啡。在前菜之前可饮用少许开胃酒，也可以选用很少量的小点心。也就是先上饮料(果汁)、水果或冷盘，又称开胃菜，目的是增进食欲。再上汤类(即头菜)，需用汤匙，此时一般有黄油、面包。然后上蔬菜、冷菜或鱼(也称副菜)。再上主菜(肉食或熟菜)，肉食主菜配有熟蔬菜，要用刀叉分切后放入餐盘内取食。如有色拉，需要用色拉匙、色拉叉等餐具。然后上餐后食物，一般为甜品(点心)、水果、冰激凌等。最后为咖啡。

除了结婚喜宴的西餐外，全套餐点已越来越少了，一般肉类料理只有一道。在餐厅里，可以按餐厅所决定的料理组合依序进餐，也可以依自己的喜好搭配喜欢的菜肴。

5. 西餐进食方法

(1) 肉类的吃法。吃肉类应从左边开始切，调味酱应放在盘子内侧。放在牛排旁边的蔬菜不只是为了装饰，而是基于营养均衡的考虑而添加的，因此应与肉食互相交替着吃完。不可一开始就将肉全部切成一块块的，否则好吃的肉汁就会全部流出来。

(2) 鱼类的吃法。首先用刀在鱼鳃附近刺一条直线，刀尖不要刺透，刺入一半即可。将鱼的上半身挑开后，从头开始，将刀叉在骨头下方，往鱼尾方向划开，把针骨剔掉并挪到盘子的一角。最后再把鱼尾切掉。由左至右，边切边吃。鱼类料理上都会有柠檬，切成圆形的柠檬可用刀压一下，使柠檬的香味渗进鱼类料理。半月形的柠檬切片可用叉子轻轻刺在果肉部位，用右手轻轻捏住柠檬，挤一两滴在鱼类料理上即可。取用的调味酱不应直接淋在料理上，应放在盘子的外侧。

(3) 喝汤的方法。汤不能吸着喝，先用汤匙由后往前将汤舀起，汤匙的底部放在下唇的位置将汤送入口中。汤匙与嘴部呈 45° 较好。身体的上半部略微前倾。碗中的汤剩下不多时，可用手指将碗略微抬高。如果用有握环的碗装汤，可直接拿住握环端起来喝。喝汤时不可发出声音。

(4) 面包的吃法。先用两手将面包撕成小块，再用左手拿来吃。吃硬面包时，用手撕不但费力而且面包屑会掉满地，此时可先用刀将其切成两半，再用手撕成块来吃。为避免像用锯子似的切割面包，应先把刀刺入另一半，切时可用手将面包固定，避免发出声响。

(5) 喝酒的方法。先轻轻摇动酒杯，让酒与空气接触，以增加酒味的醇香，但不要猛烈摇晃杯子。喝酒时绝对不能吸着喝，而是倾斜酒杯，像是将酒放在舌头上似的喝。而举杯一饮而尽、边喝边透过酒杯看人，都是失礼的行为。在美食之国的法国，历来有红葡萄酒配肉、白葡萄酒配鱼的习惯。葡萄酒之王的香槟是一种欢乐、庆祝的酒，它具有奢侈、诱惑和浪漫的色彩。因为是一种起泡酒，在开启软木塞后，酒液会喷射出来，芳香四溢，故能营造一种纵酒高歌的欢快气氛。香槟酒的味道醇美，适合任何时刻饮用，配任何食物都好。盛取香槟的最佳器皿是细长的郁金香形的玻璃杯，透过玻璃可以看到凝结在杯沿上的细密的水珠，顶级香槟的表层还会形成一个精致的珠环。

(6) 甜点的吃法。冰激凌一般配有专用小勺，当和蛋糕、馅饼一起作为主餐的一部分时，则要使用甜点叉和甜点勺。

(7) 咖啡的喝法：餐后最适合饮用蒸汽加压的浓缩咖啡，因浓缩咖啡含咖啡因很少，即使在晚上也可以安心饮用。先喝一小口，品尝一下咖啡的香气后，再依喜好放入适量的糖与牛奶。

6. 西餐用餐举止礼仪

应穿着正式服饰参加西餐宴席；入座时应从椅子左方就位，离席时则从右边离开。男宾应帮助右边的女宾挪动椅子，等女宾坐好后，自己再就座；坐姿要端正，身体要直，不可伸腿，不能跷起二郎腿，也不要将胳臂肘放到桌面上，用餐时注意餐桌上餐具的排列和置放位置，不可随意乱取乱拿；不能把刀叉伸进嘴里；不能拿着刀叉做手势或在别人面前挥舞；刀叉、餐巾掉在地上时不要随便趴到桌下捡回，应请服务员另外补给；除用刀、叉、匙取送食物外，有时还可用手取。如吃面包、鸡、龙虾时，经主人示意，可以用手撕着吃；吃饼干、薯片或小粒水果，也可以用手取食。吃东西时应细嚼慢咽，嘴里不要发出很大的声响；饮酒时酒杯不斟满，可以举杯致意但不要劝酒；不可大声喧哗、放声大笑，也不可抽烟；如刚吃完油腻食物，最好先擦一下嘴再去喝酒，免得让嘴上的油渍将杯子弄得油乎乎的。干杯时，即使不喝，也应将酒杯在嘴唇边碰一下，以示礼貌。不应在用餐时吐东西，如遇太辣或太烫之食物，可赶快喝下冰水做调适，实在吃不下时应去洗手间处理。

女士出席隆重晚宴时避免戴帽子、穿高筒靴；不宜喷过浓的香水，以免香水味盖过菜看的味道；女士用餐应先将口红擦掉，以免在杯或餐具上留下唇印，给人不洁之感。进餐时如遇意外，切勿花容失色、情绪失控，以免影响别人的食欲。西方文化讲究女士优先，进餐时要求男士对女士尽显礼节。女士在享有这些礼遇时要从容淡定，不要装腔作势、夸张炫耀。

知识链接

一、认识西餐菜品

世界上最著名的西餐大菜，当数法国、英国、俄国大菜，意大利、德国、美国、奥地利、匈牙利、葡萄牙、荷兰等国的大菜也很有名。

(1) 法式大菜的特点是选料新颖别致，加工精细，如蜗牛、鹅肝、马兰洋百合、椰树芯等，均有名菜品种传世。此外，法式菜制作时擅用酒，烹调讲究，菜口偏生，代表名菜有马赛鱼羹、冻鹅肝、红酒山鸡等。

(2) 英式大菜的特点是口味清淡，少用油、酒，以煮、蒸、烩、煎、炸为主；调味品放在餐桌上，由食者根据自己口味选取；代表菜有烤羊马鞍、烧鹅苹果沙司等。

(3) 俄式大菜的特点是油大味重，肉类、禽类要烧得烂熟，但咸鱼、熏鱼又多生吃；调味多用酸奶油、奶渣、柠檬、酸黄瓜、小茴香；代表菜有鲭鱼饺子、冷苹果汤、罗宋汤等。

(4) 美国白宫要求菜品低脂高纤维，健康烹调。美国菜的特点是咸里带甜。

(5) 德国菜则是略带酸味，生菜较多。

(6) 意大利菜以原汁原味闻名，且喜用面食做菜。

二、退席礼仪

一旦就餐入席，最好不要中途离去。若有急事必须中途离席，也应向主人说明情况，表示歉意，然后向本桌的其他客人点头示意，然后再离去。如果有长辈在席，最好向后退两步再转身离开。这样能给人留下讲礼貌的好印象。

退席不要选择别人正在谈话时，因为那样会被人认为是对别人说话感到不耐烦。在宴会结束时，应热情与主人话别，也要与其他客人道别，但时间不宜过长。如果主人有礼物馈赠，应高兴地收下，并表示十分喜爱，有礼貌地向主人致谢。

3.6　网络通信礼仪

通信礼仪，通常指在利用书信、电话、电子邮件、微信等通信手段时所应当遵守的礼仪规范。通信工具是现代职场重要的内外联络手段。在对外联络中，从某种意义上说，处理得是否专业，直接关系到客户对服务人员、相关产品甚至单位的印象。

对于只闻其声不见其人的电话，有些工作人员并不重视，导致出现很多不符合礼仪规范、不拘小节的电话沟通，让领导痛苦、让客户愤怒。

【打电话测试】

你认为对的打“√”，认为错误的打“×”。

(1) 电话形象对方看不到，有点小问题没关系，面对面时多注意就行。　(　)

(2) 打电话要注意对象。在中小城市，服务岗位打电话应用方言。（ ）

(3) 为了客户有时间接电话，可以在晚上的时候晚一点打电话。（ ）

(4) 为防止对方听不到，说话声音要大一点。（ ）

(5) 为拉近关系，初次和客户电话交谈时可以聊聊客户的个人情况。（ ）

(6) 打通电话，先告诉对方你要找的人。（ ）

(7) 给新疆客户打电话，不能在北京时间中午十二点，因为对方正在休息。（ ）

(8) 为了保持旺盛的精力、更有效地工作，可以躺、靠在椅子上打电话。（ ）

(9) 作为打电话的人，即使是服务人员，也应该先结束电话。（ ）

(10) 饿的时候，可以边吃点噪声小的零食边接电话，以使“底气”更足。（ ）

说明：以上测试题，都是客户反感的行为或现象，答案全是“×”。如果有两道以上的题答错了，说明需要注意电话形象。如果答错四道以上，说明电话形象已经影响到了企业形象、公司业务，改变刻不容缓。

【接电话测试】

你认为对的就打“√”，错误的打“×”。

(1) 电话一响，立即接起来，或者响过四五声再从容地接起来。（ ）

(2) 不是本部门的电话，就没必要理，免得耽误正常的工作。（ ）

(3) 如果是其他同事的业务电话，要立即大声喊他来接。（ ）

(4) 手头工作太忙时，可以不接电话或是直接把电话线拔掉。（ ）

(5) 当两部电话同时响起，只能接一部，另一部不用管。（ ）

(6) 快下班的时候，为了更好地解答客户疑问，让客户改天再打电话来。（ ）

(7) 接客户电话，严格控制时长，坚持执行“三分钟”原则，到时间就结束。（ ）

(8) 电话意外中断，即使知道对方是谁也不应主动打过去，而是等对方打过来。（ ）

(9) 接到打错的电话，不用理会，马上挂掉，不能耽误工作时间。（ ）

(10) 在和客户沟通时，如果手机响了，应避开客户到其他地方接听。（ ）

说明：以上测试题的答案，全是“×”。如果你有两道以上的题答错了，说明需要注意自己的电话礼仪。如果错了四个以上，说明电话礼仪已经到了影响单位形象和业务的地步，改变刻不容缓。

一、电话礼仪

电话礼仪中需注意以下问题。

(1) 拨打时间。

按照惯例，通话的最佳时间，一是双方预先约定的时间，二是对方方便的时间。对方方便的时间也就是不忙的时间。比如求职者打电话的时间最好选择在周二到周五的上午(周一很多单位会开会)，切记下午 5 点后、上午 9 点之前不打电话，就餐及午休的时间不打电话，节假日不打电话。

(2) 接听时间。

接听电话不要过早过晚，等待铃声响三声再接。若接听过早，会让对方感到很仓促；若接听时间过晚，会让对方感到不受尊重，给对方留下不好的印象。若因故在电话铃响三声之后才接，接起电话后首先说“对不起，让您久等了”，在和对方通话之前先向对方致歉。

(3) 通话环境。

选择安静、方便、信号好的环境通话，避免在公交车、超市、农贸市场等嘈杂或信号差的环境通话。

(4) 通话时长。

通话内容宜短不宜长，长话短说，把最重要的事放在前面，言简意赅，通话时长最好在三分钟以内。

(5) 喜悦的心情。

打电话时要保持喜悦的心情，这样会给对方留下极佳的印象。由于面部表情会影响声音的变化，即使在电话中，也要抱着“对方看着我”的心态去应对，让对方能够“听到”你的笑容。

(6) 打电话时要专心。打电话过程中绝对不能吸烟、喝茶、吃零食，即使是懒散的姿势，对方也能够听得出来。通话时请准备好纸和笔，随时记录对方重要信息。

(7) 挂机有讲究。怎样挂电话也有一定讲究。如果是座机，请轻放电话，以免声音太大，影响前面的好印象。一定请对方先挂电话，不要着急先挂电话。

电话中常见的错误用语及相应的规范用语如表 3-2 所示。

表 3-2　电话中常见的错误用语及相应的规范用语

错误用语	规范用语
喂	您好
你是谁呀	请问您是哪位
等下	请您稍等片刻
你找我什么事	请问您有什么事情
还有事吗	请问您还有其他事吗
我知道了	好的，您的信息我都记录下来了
什么？我没听清	对不起，我没有听清您的话，请您再讲一遍
你电话多少	对不起，请问您的电话是多少
挂了吧	再见

二、短信礼仪

(1) 发送时间。

注意发短信的时间，这和拨打电话的时间一样，最好选择在周二到周五的上午，上午 9 点之前、下午 5 点之后不要发短信。

(2) 发短信需署名。

发送短信时，一定记得署名，不然对方不知道发送者是谁，会很尴尬。

(3) 发送短信的内容。

内容言简意赅，不要咨询对方不便回答的问题。短信最后要有感谢对方的话语，但是也要简明扼要，不要啰唆重复，避免引起对方反感。

(4) 回复对方要及时。

如果对方发来短信，一定要及时回复，不要让对方等待太久，以免让对方感到不受重视。

三、邮件礼仪

1. 邮件主题

发送邮件时不写主题，这是很不礼貌的。一个简明扼要的主题可以概括出整个邮件的内容，便于收件人识别邮件的内容并进行处理。邮件主题需注意以下事项：

(1) 标题要提纲挈领，切忌使用含义不清的标题。

(2) 主题应简短概括出邮件的内容和重要性，切忌过于繁冗。

(3) 一封邮件尽可能只有一个主题。

(4) 主题不可出现错别字和语句不通顺的情况。

(5) 对于回复的邮件，要重新添加或更换邮件主题。

2. 称呼与问候

(1) 邮件的开头要称呼收件人。这既显得礼貌，也让收件人明确此邮件是面向他的。而且一定要称呼对方的职务，就高不就低，前面加敬语，如“尊敬的王经理”“尊敬的张总监”等，切忌出现“王哥”“张姐”这样生活化的称呼。

(2) 称呼是第一行，应顶格写。

(3) 邮件的开头、结尾都要有问候语。开头可用“您好”“你好”“大家好”，结尾为了体现对对方的尊重，可使用“此致敬礼”。

3. 正文

(1) 正文应简明扼要，行文通顺，不出现与主题无关的话语，避免出现错别字。

(2) 注意邮件语气，“请”“谢谢”之类的语句要经常出现。

(3) 合理提示对方查收附件。

(4) 不用表情符号，不用彩色信纸。

(5) 注意字体、字号及颜色，最好用宋体黑色小四号。

4. 附件

(1) 附件要有文件名，而且能够概括附件的内容。

(2) 正文中应对附件作简要说明，特别是带有多个附件时。

(3) 附件数目较多时应打包压缩成一个文件。

(4) 如果附件较大，建议分割成几个小文件分别发送。

5. 结尾

(1) 每封邮件在结尾处都应有署名和日期等信息。

(2) 签名信息可包括姓名、联系电话、邮箱、地址等。

四、利用聊天工具聊天的礼仪

1. 注意语言文明

在聊天时，使用文明语言，是网络交流的基本礼仪，会给对方留下良好印象。

2. 注意聊天内容

聊天最好不要追问涉及对方隐私的问题，如对方的工作单位、家庭住址、职务级别、经济状况等，尤其不要问女性的年龄、身高、体重、婚姻等。

3. 慎用表情、图片

恰到好处地使用表情、图片等可以使聊天更加有趣，让对方印象深刻。尤其是使用自制的图片，更能体现个性、提高品位。

但是，在使用表情、图片时一定要注意有选择，使用适合话题、适合情景、适合气氛的表情、图片，多使用祝福的表情、图片。

小贴士

服务人员在使用现代通信工具和客户交流沟通时，相对见面沟通来说，更需要站在客户角度想问题，并注意文字的严谨，以及有始有终、有礼有节。

本 章 小 结

(1) 微笑，是人类最富魅力的语言，会给人一种亲和力。

(2) 在服务中，根据场合的不同恰当地使用称呼，有助于服务顺利进行，并且能够让客户感到愉悦。

(3) 一张精心制作、礼貌递送的名片，可能会给客户眼前一亮的感觉。在交换名片时，如果名片脏污、动作随意，可能会给客户留下恶劣的印象，甚至会影响接下来的服务效果。

(4) 一个良好得体的握手礼，一定是身体略微前倾，脸上带着愉快的微笑，说着“很高兴见到你”之类的寒暄语。一个令人愉快的握手一般持续 3～5 秒，可以良好地传达愉快相见的情感，建立彼此的友谊或是产生信赖。

(5) 自我介绍时应由地位低的人先介绍，让地位高的人了解。在服务场合，服务人员应先向客户介绍自己，以便于服务交流。

(6) 一次精心安排的欢迎，能使来宾产生良好的第一印象；一次周到、圆满的欢送，会给来宾留下美好难忘的回忆。

(7) 打电话时，电话另一端的人看不见你的表情和姿态，对你的判断完全取决于你的谈话内容和声音。电话里，你的声音和语言更是自己和公司的形象展示！

(8) 在使用现代通信工具和客户交流沟通时，相对见面沟通来说，更需要站在客户角度想问题，并注意文字的严谨，以及有始有终、有礼有节。

练　习　题

1. 称呼的分类大致有哪几种？
2. 在对客户的称呼选择上应注意哪些问题?
3. 一个令人感觉愉快的握手礼应该注意哪些细节？
4. 自我介绍应该包括哪些内容？
5. 请阅读下文，思考营业厅经理哪里失礼了，以及应如何挽回损失。

李先生前几天在某蛋糕店预购了一个三层蛋糕，当蛋糕送到李先生家中时，他打开一看只有两层，这让他十分生气，拨打电话理论时却被告知原来的接单员请假了，需要等原来的接单员回来才能处理。李先生非常气愤，只能去蛋糕店找相关人员解决此事。李先生要求见经理，该店的经理闻讯赶来，他与李先生说："可否借一步说话？"并赶忙将名片递上，以证明自己的经理身份。可是没想到的是，李先生接过手中的名片看了一下，将名片扔在地上，很生气地就离开了，并要求蛋糕店进行赔偿。经理捡起地上的名片一看，是一张某保险公司的名片。

第 4 章

求职礼仪

学习目标

- 了解求职礼仪在求职过程中的重要性。
- 认识到在求职的准备过程中，注意自我形象和礼仪是必不可少的环节。
- 掌握面试的礼仪要求，并能够在面试中具体运用。
- 注意求职时的应答禁忌。

求职过程中，考官除了重视求职者的专业水平外，还会了解求职者的知识、能力、经验等各方面的情况。由于礼仪行为是相互获得尊重、了解的行为表现，如果一个求职者不懂得礼仪、不讲究礼仪，首先这个人就缺乏尊重他人的前提，考官就不会与之深谈。

面试时，其实考官面试的是求职者的“形、色、气、质”。“形”表示姿态；“色”表示脸色；“气”表示状态；“质”表示内涵。具体体现在应试者的外在形象、行为举止、见面礼仪、应答礼仪、告别礼仪上。

4.1　求职准备

一、了解就业市场

要找到一份自己喜欢的职业，找到能发挥自己实力的工作单位，首先必须了解市场的就业信息。不做准备，见到有机会就草率去面试，十有八九会以失败告终。

要不打无准备的仗。收集相关信息越早越好，越具体越好。比如：分析这一职业的发展前景，用人单位所属行业的基本知识，单位近期主要产品或经营项目，单位的人员构成，单位的用人及对人才的重视程度，对应聘者的素质要求，单位的历史及发展前景，单位的性质及福利待遇等情况，尽可能地让自己头脑中有一个完整的单位形象。

有很多即将步入职场的大学生，在求职时往往疏忽这一重要环节。求职前分析应聘单位的要求，分析一下自己的真实能力，在面试的过程中，面对招聘者提出的一大堆问题，就可以从容应对，至少心里会多一份底气，以自身的优势来说明为何应聘这一工作，给招聘者留下深刻的印象。做到“胸有成竹”，主动权就能掌握在自己的手里，成功的把握性就大很多。

如果你对这份工作的了解不够深入，对自己的能力没有很好的评估，那么在考场就难以应对考官的提问。有的人只凭自己的想象和猜测，很肤浅地阐述自己的观点，最后使自己陷入求职困境。

另外，求职是一个双向选择的过程，你也需要事先考察用人单位的情况。比如，你可以打电话到用人单位，从员工接听电话的态度来判断该单位的管理水平及实力。一些单位在刊登的招聘广告里不留电话，有的即使留了也没人接听，或者要么一问三不知，要么极其不耐烦，那么该单位的管理水平及实力就可见一斑了。

二、仪容仪表的准备

衣着对于成功求职起着十分关键的作用。主考官往往会通过仪表来判断求职者的学识、个性等，并形成一种特殊的心理定式和情绪定式，称为“第一印象”。这个“第一印象”在无形中左右着主考官的判断。

求职面试时，尽管没有必要穿高档的服装，但服装的质地要精良，穿着要整洁大方。如果考官们西服革履，而你却穿着太随意，无法与对方建立平等关系。在你开口说话之前，就会信心不足，同时留给主考官的印象也会大打折扣。

1. 妆容礼仪

发型以庄重、简约、典雅、大方为主导风格。头发必须保持干净、清爽、整齐的状态。

化妆应当选择淡妆，不过分引人注目。妆面不能出现残妆。若在求职时出现残妆，不仅会直接损害自身的形象，更重要的是会在考官的眼里留下缺乏条理、邋遢的形象。

2. 仪态礼仪

应聘时，首先要注意的一点就是，不要结伴而行。独自去面试，展示的是你的独立性和自信心，这样会给考官留下好的印象。

面试时，举止要大方、得体、不慌张，注意站、坐、走的正确行为举止。

进入考场后，与考官要保持一定的距离。不适当的距离会使考官感到不舒服。尤其是一些服务行业的面试，比如航空服务面试，离考官太近，你的肤色、妆容上的小缺点会让对方一目了然；离考官太远，又显得有距离感。所以一定要把握好站立的位置。

不过，也有应聘人多的情况，招聘单位一般会预先布置好面试室，把应试者坐的位置或站立的位置都定好，这样就不存在需要调整位置的问题。当求职者进入面试室后，一定不要随意将椅子挪来挪去。有的人为了向考官表现亲密感，总是把椅子往前挪，这样有可能会影响你的面试成绩，因为这是一种失礼行为。

在面试时，有的求职者不拘小节，傲慢不羁，表现出一副无所谓的样子，这体现的是你礼仪的缺失，是不可取的，有可能会因此让你失去一次机会。

4.2 面试礼仪

1. 按时到达

千万不要迟到，因为这是对考官的一种不尊重行为。如果有特殊原因不能按时到达，应事先打个电话通知考官。万一迟到了，应主动、简单明了地说明原因，这是必需的礼仪。

2. 放松心情

有的人面对考官会面红耳赤，神情紧张而说话不流畅，影响自己的发挥。应尽量调整心态，使自己达到最佳状态。

3. 以礼相待

不要旁若无人、随心所欲，对接待人员熟视无睹。在决定是否录用你时，任何人都可能会有发言权，所以，要给所有在场的人留下很好的印象，而不仅仅是主考官。

4. 注意手机

将手机调到振动模式或关机，以免影响面试的进行。

5. 进场敲门

即使门是虚掩着的，也要敲门，千万不要冒失进入，那样很鲁莽，没有礼貌。

6. 微笑面对

面带真诚的微笑，是一个人风度、风采的展示，会给考官留下很好的印象。

7. 莫先伸手

行握手礼应该是主考官先伸手，然后求职者才能去握手。若考官没有主动伸手，求职者切莫主动先伸手。

8. “请”才入座

求职者进入面试室时，要等主考官请你入座时才可以就座。

9. 递物大方

求职者在递自己的简历时，一定要事先整理好，最好是能迅速完整地取出来，不可乱翻一通。

4.3 应答禁忌

1. 忌过分热情

在回答问题时，一定要先听清楚考官的问题，然后再慎重表达。有的应聘者还没有听清楚考官说的是什么，就口若悬河地回答一通。这样的表现，只能让对方觉得你的性格有不踏实、急躁的一面。

2. 忌缺乏主动

用人单位并不喜欢员工工作呆板、缺乏主动性和思考能力。

3. 忌不懂装懂

遇到不会回答的问题，不懂装懂是最忌讳的表现，如果考官再提出深入的问题，你的情况就会更糟糕。应坦诚地说："对不起，这个问题我没思考过，不会回答。"这样反倒会给考官留下诚实、坦率的好印象。

4. 忌滔滔不绝

求职者适当地聆听是必需的，滔滔不绝并不代表口才好，也代表不了你的专业水平。

5. 忌多谈自己

在考官面前不要喋喋不休地大谈自己，应该从考官提的问题入手，引起考官的好感。

6. 忌贬低他人

议论他人或原来就职单位的是非是求职时的大忌，会给考官留下搬弄是非的感觉。

7. 忌狂妄自大

有的求职者应聘时会说一些不自量力的话，如"我能干出一番大事业""不录用我将是你们公司的一大损失"等，这不是自信，而是狂妄自大。

8. 忌任意插话

当考官在说话的时候，一定要等考官把话说完，不论他说的问题你有什么意见，也应恭恭敬敬地等他把话说完，再说出你的意见。

9. 忌不留薪金余地

薪金问题一直是个敏感又实际的问题，求职者一定要在内心掌握好。

首先，一定要事先了解面试行业的一般待遇，心中有底才能谈薪金。其次，在谈薪金时，还要"量体裁衣"，考虑自己的条件和能力，千万不要好高骛远。尤其是刚毕业的大学生，没有工作经验，不可一开口就要高薪，一定要事先对这个行业有个基本了解。

谈薪金也要掌握时机，最好是在考官明确表示要聘用自己时再谈论薪金。

在商谈薪金问题时，语气要坚定而灵活，达到或接近你期望的目标就可以了。上岗后努力工作，有了一定的成就再谈加薪也不晚。

10. 忌简单重复简历上的内容

简单重复简历上的内容是大多数求职者的通病。简历已经在考官的手里，面对考官做自我介绍时，最好不要再重复简历上的内容，一定要介绍简历之外的你的特点和优势。

即将大学毕业求职面试的学生除了专业方面的知识外，还需要准备以下内容：

(1) 个人的特点：包括优点和缺点、性格、人生的目标、有何特殊才干等。

(2) 家庭背景：你的家庭环境，包括成长环境，现状。

(3) 教育背景：包括在什么学校学习过，专业是什么，成绩如何，在校学习的收获是什么，参加过什么与应聘岗位相关的学习和活动等。

(4) 兴趣爱好：业余时间喜欢做什么，参加过什么活动，有什么特长等。

(5) 面试动机：为什么应聘这家公司，为什么选择这个职业或岗位，找工作优先考虑什么因素，认为自己胜任的条件是什么，对面试公司了解多少，工作目标是什么。

(6) 职位待遇：希望到什么部门工作，对工作有什么要求，欣赏什么工作方式，认为做好工作的重要因素是什么，期望的工资标准等。

小贴士

不得不注意的简历禁忌

内容弄虚作假，过于简单，过于复杂，过于豪华。

本 章 小 结

(1) 求职要有礼有节，不卑不亢。

(2) 无论是招聘者还是求职者，都是站在公平、平等、互尊的位置上相互审视、彼此选择的。

练 习 题

1. 求职面试时要做好哪些心理准备？
2. 如果用人单位通知你明天去面试，你需要做哪些准备？
3. 面试时应注意哪些礼仪？
4. 请阅读下文，分析小王的面试最后为什么失败了。

小王去一家外企进行最后一轮经理助理的面试。为确保万无一失，这次她做了精心的打扮。一身前卫的衣服、时尚的手环、造型独特的戒指、亮闪闪的项链、新潮的耳坠，身上每一处都是焦点。况且她的对手只是一个相貌平平的女孩，学历也并不比她高，所以小王觉得胜券在握。但结果却出乎意料，她并没有被这家外企所认可。主考官抱歉地说："你确实很漂亮，你的服装配饰无不令我赏心悦目，可我觉得你并不适合做助理这份工作。实在很抱歉。"

第5章

国际礼仪

学习目标

- 了解和掌握各国的礼仪。
- 了解和掌握各国的主要习俗禁忌。

现在，无论哪个行业，涉外服务越来越普遍。只有对常见交往国的礼仪和禁忌有一定了解，才可以避免不必要的误解，从而促进沟通、提升服务品质。

5.1 日本礼仪与禁忌

1. 生活礼仪

樱花是日本的国花，日本人对樱花无比喜爱。而荷花在日本常用于丧葬活动。探望病人时送山茶花、仙客来，以及白色的花和淡黄色的花，都是不受欢迎的。日本对金色的猫以及狐狸和獾极为反感，认为它们是“晦气”“贪婪”和“狡诈”的化身。

日本人大都喜爱白色和黄色，讨厌绿色和紫色，认为紫色是悲伤的色调，绿色是不祥之色。

日本在数字上非常忌讳“4”和“9”。“4”在日文里发音与“死”相似，而“9”的发音则和“苦”相近。

当三人并排合影时，一般不愿意站在中间，认为被人夹着是不祥之兆。

日本人很爱给人送小礼物，但不要送梳子、圆珠笔、T恤、火柴、广告帽；包装礼品时，不要扎蝴蝶结。

在日本，给他人敬烟是不礼貌的。

日本人认为，两人相对时注视对方双眼很失礼，所以通常只会看着对方双肩或脖子。

2. 餐饮礼仪

日本人的饮食文化自成一体，不同的季节，饮食的口味往往各有侧重。和食的烹饪方法主要有蒸、烧、煮、炸、生五种，以大米为主，多用海鲜、蔬菜，讲究清淡与味鲜，忌油腻。典型的和食有寿司、拉面、刺身、天妇罗、铁板烧、煮物、蒸物、汤等，另外还有饭团和盒饭，尤以刺身，即生食鱼片最有名。

日本人的饮食禁忌不是很多，主要是不吃肥猪肉和动物内脏。

日本人爱喝酒，包括日本清酒、西洋酒和中国酒，斟酒讲究满杯。

日本人用筷子非常讲究，有“八忌”。

一忌迷筷，即手拿筷子在桌子上游走，却不去夹菜。

二忌移筷，即动了一个菜不夹菜，又去动另一个菜。

三忌插筷，即用筷子插入菜中。用筷子插入饭中也不好。

四忌掏筷，即用筷子从菜中间掏着吃。

五忌扭筷，即转动筷子。

六忌舔筷，即用舌头舔筷子。

七忌跨筷，即把筷子横放在碗盘上，这表示用餐完备。

八忌剔筷，即用筷子代牙签使用。

日本人宴客的时候，大都忌讳将饭盛得过满，并且不允许一勺盛一碗饭。

日本人普遍爱好喝茶，形成了讲究“和、敬、清、寂”的四茶道。茶道具有参禅的意味，重心在于陶冶情趣。它不仅要求幽雅自然的环境，而且还有一整套点茶、泡茶、献茶、饮茶的具体方法。

5.2　韩国礼仪与禁忌

1. 生活礼仪

木槿花是韩国国花，象征着国民历尽磨难而矢志弥坚的民族性格；以松树为国树；以喜鹊为国鸟；以老虎为国兽。韩国人大都珍爱白色，崇拜熊和虎。

由于发音和“死”相同的缘故，韩国人对数字“4”十分厌恶。和韩国人交谈，发音和“死”相似的“私”“师”“事”等几个词最好不要使用。受西方习俗影响，也有不少韩国人不喜欢“13”这个数。

韩国人强调“身土不二”，反对崇洋媚外，倡导使用国货。

韩国人馈赠礼品时，大都选择鲜花、酒类或工艺品，但是不宜送日本货。接受礼品时，韩国人不习惯当场打开其外包装。

韩国人和中国人一样，也有过春节、清明、端午、中秋等传统节日的习惯。

2. 餐饮礼仪

韩国人的饮食，一般以辣和酸为主要特点。具体而言，韩国人的主食主要是米饭、冷面。他们爱吃的菜肴主要有泡菜、烤牛肉、人参鸡等。不过就总体来说，韩国的菜绝大多数比较清淡。有的韩国人，甚至爱吃冷菜、生菜，一般不吃过腻、过油、过甜的东西，并且不吃鸭肉、羊肉和肥猪肉。

韩国的男士酒量一般不错，对烧酒、清酒、啤酒往往来者不拒。韩国女士则不多饮酒。平时韩国人喝的较多的是茶和咖啡。他们通常不喝稀粥，并且不喜欢喝清汤。

5.3 新加坡礼仪与禁忌

1. 生活礼仪

绝大多数的新加坡人非常喜欢红色，在一般情况下，黑色、紫色不为新加坡人所欢迎，在他们的意识里，黑色、紫色代表着不吉利。

数字方面，新加坡人对“4”与“7”这两个数字的看法不太好。

日常生活里，新加坡人对传统民俗很讲究，吉祥字、吉祥画在他们周围随处可见。喜爱的吉祥字有“囍”“福”“吉”“鱼”等；最受他们欢迎的吉祥画有表示“平安”的“苹果”，表示“和平”的“荷花”，表示“力量”的“竹子”，表示“幸运”的“蝙蝠”等。

和新加坡人交谈，不仅不能口吐脏字，而且还要多用谦语、敬语。与此同时，对于话题的选择必须注意。新加坡人青睐的话题，主要是运动、旅游、传统文化及有关经济建设方面的成就。

新加坡人讲究社会公德。政府通过采用“法”和“罚”两大法宝，促使人们提高社会公德意识。例如，不准嚼口香糖，过马路时不能闯红灯，用完洗手间之后必须冲洗，公共场合不准吸烟、吐痰和随地乱扔废弃物品，否则必受处罚，交纳高额罚金，甚至被鞭打、吃官司。

2. 餐饮礼仪

由于新加坡华人居多，而这部分人绝大多数又祖籍为广东、福建、海南和上海等地，所以饮食习惯和中国大同小异。中餐是最佳选择，口味上喜欢清淡，偏爱甜味，讲究营养，爱吃米饭和各种海鲜，不太喜欢面食。粤菜、闽菜和上海菜，都受欢迎。在设宴款待新加坡人的时候，务必在安排菜方面注意民族差异。

新加坡华人大都喜欢喝茶，每逢春节，新加坡人还做“元宝茶”，以示“财运亨通”。平时，新加坡华人还经常饮用加入一定配方的中药后制成的补酒，如鹿茸酒、人参酒等。

5.4 泰国礼仪与禁忌

1. 生活礼仪

泰国人不太喜欢茉莉花，因为泰语里茉莉花的发音和“伤心”差不多。

泰国人非常喜爱红色和黄色，并且对蓝色颇有好感。在他们看来，蓝色象征着“永恒”和“安定”。对于褐色，泰国人比较忌讳，还忌讳用红色的笔签字，或用红色刻字，他们视之为死人所受的待遇。

泰国人的举止禁忌很多。总的来说，他们有重头轻脚的讲究。泰国人的头部，尤其是孩子的头部，一般绝对不准触摸。拿着东西从泰国人头上通过，被视作一种侮辱。睡觉时忌头朝西、脚向东，因为在泰国只有停尸时才那么做。他们不准用脚指示方向，不准脚尖朝着他人，不准用脚踏门，或是踩踏门槛。在外人面前席地而坐时，不准盘足或是双腿叉开。跟泰国人接触时，千万不要动手拍打对方，用左手接触对方，讲话时用手指向对方指指点点也是不允许的。

2. 餐饮礼仪

秦国人喜食辛辣、鲜嫩的食物，不爱吃过咸或过甜的，也不吃红烧的菜肴。用餐的时候，喜欢往菜肴里加入辣酱、鱼露或味精。他们最爱吃具有民族特色的咖喱饭。用餐之后，往往喜欢吃一些水果。泰国人不吃海参，也不太爱吃香蕉。在泰国民间，人们用餐时多习惯于围绕着低矮的圆桌跪膝而坐，以右手抓食物，而认为左手不洁。

泰国人不喝热茶，他们喜欢在茶里加冰块，使其成为冻茶；一般不喝开水，习惯于直接喝冷水；喝果汁的时候，还喜欢往里面加少许盐末。

5.5　印度尼西亚礼仪与禁忌

1. 生活礼仪

印度尼西亚的国花是毛茉莉。尽管没有约定俗成的国兽，但实际有两种地位极高的动物：一个是蛇，另一个是虎。另外两种动物为人所厌恶，一个是乌龟，被视为“春药”“污辱”和“性”的化身；另一个则是老鼠，认为它给人们带来肮脏、瘟疫和灾难。

接受礼品的时候，不能当场打开外包装。

在印度尼西亚，人的头部神圣不可冒犯，千万不要触摸他们的头部，特别是抚摸小孩的头部。印度尼西亚人看不惯当众拥抱亲吻。在印度尼西亚，就座的时候双腿最好平放，交叉是不允许的。坐下来以后双脚千万不要跷起来，尤其是不要用鞋底或脚尖朝向他们。在外人面前，最好不要打哈欠，万一控制不住，需要先用右手捂住嘴。在印度尼西亚，人们有两种独特的做法要注意：一是伸出右手时，屈起其他手指而单独伸出拇指，表示的是“请你先走”；二是笑声往往被用来掩饰自己的困惑或震惊，而未必说明自己开心愉快。

2. 餐饮礼仪

印度尼西亚以大米为主食，副食则主要是牛肉、鸡肉、鸭肉、鱼肉和虾等，但绝对不吃海参、鱼肚之类食物。

受当地华人的影响，绝大多数的印度尼西亚人很喜欢中餐。参加印度尼西亚人的宴请，有四点注意事项：一是主人宣布开宴之前，不要先动手；二是在用餐过程中，不宜说话过多；三是不要当着主人的面对菜肴提出某些特殊要求；四是用餐完毕后，要在盘子里剩少许食物，以示吃饱。在印度尼西亚外出用餐时，切勿用勾动手指、捻响手指或是吹口哨的方式召唤侍者，可以举手示意。

5.6　印度礼仪与禁忌

1. 生活礼仪

印度是世界三大宗教之一——佛教的发源地。国花是莲花，国鸟是蓝孔雀。

大象在印度被看作吉祥的动物。印度人一般不喜龟、鹤及其图案。

印度人见面时通常双手合十。双手合十的时候，不要同时点头。如果迎候嘉宾，往往敬献花环，并套挂在客人脖子上，表示由衷的欢迎，客人应马上取下来，以示谦虚。印度人在赞成或同意对方意见时的动作是既不是点头，也不是摇头，而是左右晃头。

在印度，当众吹口哨是失礼的；以左手接触他人，或摸他人的头，也是不允许的；忌用浴盆给孩子洗澡，认为是不吉利的。

印度人喜爱红色、蓝色、紫色、金黄色、绿色，忌讳白色，不喜欢黑色、灰色；忌讳弯月图案，忌讳送人百合花。

"1""3""7"三个数字被印度人视为不吉利。和印度人交谈，可以谈文化成就、印度传说、宗教、社会风俗、历史等话题。

2. 餐饮礼仪

印度人主食有大米和面食。他们烹调的方式，主要有炒、煮、烩三种，喜欢在饭里加入各种各样的香料，尤其是爱加入辛辣类香料，如咖喱粉等。印度在饮食方面最大的特点，就是食素的人特别多，而且社会地位越高的人越忌荤食。

在一般情况之下，蛇肉、竹笋、蘑菇和木耳等，有许多印度人是不吃的，还有不少印度人甚至不吃鸡蛋。平时，印度人不太爱喝汤，也不怎么喜欢饮酒，喜欢喝白开水和红茶。喝茶的时候，他们往往将其斟进盘里，用舌头舔着喝。印度人用餐的时候，一般不用任何餐具，而习惯用右手抓食。

5.7　美国礼仪与禁忌

1. 生活礼仪

美国人对山楂花和玫瑰花非常偏爱，玫瑰是美国国花，象征美丽芬芳、热忱和爱情。在动物之中，美国人普遍爱狗。对于那些自称爱吃狗肉的人，美国人是非常厌恶的。在美国人眼里，驴代表坚强。白头海雕是国鸟，是美国人最珍爱的飞禽。

美国人最喜爱的色彩是白色，在他们看来，白色象征纯洁；还喜欢蓝色和黄色，比较忌讳黑色；讨厌的数字是"13""3"；不喜欢的日期是星期五，认为代表坏运气。

美国人大都比较喜欢运用手势或其他身体语言来表达自己的情感。但忌讳用这些身体语言：一是盯视他人；二是冲着他人伸舌头；三是用食指指点交往对象；四是用食指横在喉头之前。

在公共场合和他人面前，蹲在地上，或是双脚叉开而坐都是失礼的。

跟美国人相处，要保持适当的距离，他们认为个人空间不容冒犯。所以，碰了他人要及时道歉，坐在他人身边先要征得对方许可，谈话时距对方过近则是失敬于人的。

美国人最忌讳打探个人隐私。在美国，询问他人收入、年龄、婚恋、健康、籍贯、住址、种族等，都是不礼貌的，即使招聘中也极少询问此类问题。美国人大都认定"胖人穷，瘦人富"，所以他们听不得别人说自己"长胖了"。和美国黑人交谈时，既要少提"黑"这个词，又不能打听对方的祖居之地；聊天的时候，不要谈及政党之争、投票意向等。

2. 餐饮礼仪

美国人的饮食习惯，一般因地区而异，因民族而异。就总体而言，共同的特征是：喜食生、冷、淡的食物，不刻意讲究形式和排场，而强调营养搭配。在一般情况下，以食用肉类为主，牛肉是他们的最爱，鸡肉、鱼肉、火鸡肉也受到欢迎。美国人不吃狗肉、猫肉、蛇肉、鸽肉，动物的头、爪及内脏，生蒜、韭菜、皮蛋，等等。

美国人爱喝的饮料有冰水、矿泉水、红茶、咖啡、可乐和葡萄酒。

5.8　巴西礼仪与禁忌

1. 生活礼仪

巴西的男性一般都喜欢开玩笑，还习惯拍拍打打地同他人谈话。无论男女老幼，人人都酷爱足球运动。巴西人很重视亲笔签名，无论写信、便条等，都要郑重地签下自己的名字，以示尊重和礼貌。

巴西人忌讳数字“13”，普遍认为“13”会给人带来厄运或灾难；忌讳紫色，认为紫色是悲伤的色彩；忌讳绛紫红花，因为这种花主要用在葬礼上；忌用“OK”手势，认为这是一种极不文明的表示；送礼忌讳送手帕，认为送手帕会引起争吵和不愉快。

2. 餐饮礼仪

巴西人惯以欧式西餐为主。黑豆是巴西人每天必不可少的主食，用以做黑豆饭。巴西人对清蒸、滑炒、炸、烤、烧等烹调方法制作的菜肴偏爱，烤肉是巴西人最喜欢吃的风味菜之一。巴西人最爱吃里脊肉；大都喜欢辣味菜肴，喜欢吃中国的川菜；口味上不喜太咸，爱麻辣味道。

巴西人爱吃鱼、牛羊肉、猪肉、鸡和各种水产品；喜欢吃西红柿、白菜、黄瓜、辣椒、土豆、洋葱等各种蔬菜；调料喜用棕榈油、胡椒粉、辣椒粉等；忌吃奇形怪状的水产品和用两栖动物肉制作的菜，也不爱吃用牛油制作的点心。

巴西有“咖啡王国”之称，爱喝咖啡，也乐于品尝红茶；喜欢喝葡萄酒、香槟酒、桂花陈酒，也爱品尝中国的茅台酒，一般酒量不大。

5.9　英国礼仪与禁忌

1. 生活礼仪

英国人视百合花和菊花为死亡的象征，十分忌讳。

英国人遇上碰洒了食盐或摔碎了玻璃一类的事情，认为很倒霉。

色彩方面，英国人偏爱蓝色、红色和白色，反感墨绿色。

英国人在图案方面的禁忌甚多，人像以及大象、孔雀、猫头鹰等图案，都会令他们反感。在握手、干杯或摆餐具时无意之中出现类似十字架的图案，他们也认为十分晦气。英国人所忌讳的数字主要是“13”，忌讳的日期是星期五。

英国主要民俗禁忌有五条：一是忌当众打喷嚏；二是忌用同一根火柴连续点燃两支香烟；三是忌把鞋子放在桌子上；四是忌在屋子里撑伞；五是忌从梯子下面走过。

英国人用食指将下眼皮往下微微一扒时，表示自己所做的事被人识破了；当他们用手敲鼻子时表示的是秘密；而耸动肩部，则表示疑问，或者不感兴趣。

2. 餐饮礼仪

英国人的饮食，具有轻食重饮的特点，在菜肴上没有多大特色，日常的伙食基本上没有多大变化，除面包、火腿、牛肉之外，英国人平时常吃的也就是土豆、炸鱼和煮菜了。烤牛肉加约克郡布丁被称为国菜，是用牛腰肉、土豆，加上鸡蛋、牛奶、面粉，放在烤箱内一起烤制而成的菜肴。上桌时，还会另配一些单煮的青菜。

英国人的饮食禁忌，主要是不吃狗肉，不吃过咸、过辣或带有黏汁的菜肴。

英国人在日常生活之中非常重饮，即讲究饮料。英国名气最大的饮料是红茶和威士忌。和绝大多数欧美人不同的是，绝大多数英国人嗜茶如命。喝红茶的时候，首先要在茶杯里倒入一些牛奶，然后才能依次冲茶、加糖。他们不仅是早上醒来先要“赖”在床喝上一杯“被窝茶”，而且在上班期间，还要专门挤出时间来去喝下午茶。在英国，喝下午茶既是午餐和晚餐之间的一顿小吃，而且也是以茶会友的一种社交方式。英国人很少自斟自酌，喜欢去酒吧。

5.10　法国礼仪与禁忌

1. 生活礼仪

菊花、牡丹、玫瑰、杜鹃、水仙、金盏花和纸花，不宜随意送给法国人。在法国，仙鹤被视为淫妇的化身，孔雀被看作祸鸟，大象象征着笨汉，都是法国人反感的动物。

法国人对核桃十分厌恶，认定它代表着不吉利。

法国人厌恶黑桃图案，大都喜爱蓝色、白色和红色，对粉色也比较喜欢，忌讳黄色和墨绿色。法国人所忌讳的数字是“13”，忌讳的日期是星期五。给法国妇女送花时，宜送单数，但要避开“1”与“13”这两个数目。法国人绝对不喜欢 13 日外出，不会住 13 号房、坐 13 号座位，或是 13 个人同桌进餐。

法国人对礼物十分看重，但又有其特别的讲究。认为初次见就送礼往往会令对方产生疑虑，因而是不善交际的表现。在接受礼品时，如果不当着送礼者的面打开包装，则是一种无礼的、粗鲁的行为。向法国人赠送礼品时，宜选具有艺术品位和纪念意义的物品。但是，不宜以刀、剑、剪、餐具，或是带有明显广告标志的物品作为礼品；男士向一般关系的女士赠送香水也是不合适的。

法国人与人交谈，往往喜欢选择一些足以显示其身份、品位的话题，如历史、艺术。

对法国人而言，拇指与食指分开表示“2”，用食指指自己的胸部表示“我”，拇指朝下指表示“差”或“坏”，掌心向上表示诚恳，耸动肩膀则表示高兴或惊讶。

2. 餐饮礼仪

法国是举世皆知的世界三大烹饪王国之一，法国人十分讲究饮食。平时，法国人爱吃面食。肉食方面，爱吃牛肉、猪肉、鸡肉、鱼子酱、蜗牛、鹅肝，不吃肥肉、肝脏之外的动物内脏，不吃无鳞鱼和带刺骨的鱼。法国的名菜有鸡肝牛排、红酒山鸡、马赛鱼羹、煎蜗牛、扒鹅肝等。

就口味来讲，法国人有两大特点：一是喜欢肥浓，做菜的时候，常用大蒜、丁香、香菜调味；二是偏爱鲜嫩，法国人做菜，非但选料要新鲜，而且烹饪也大多半生不熟，有不少菜，甚至直接生食。法国人大都爱吃奶酪，特别善喝酒，他们几乎餐餐必喝，而且讲究在餐桌上要以不同品种的酒水搭配不同的菜肴：餐前要喝开胃酒，吃鱼要喝白葡萄酒，吃肉要喝红葡萄酒，餐后才适合喝利口酒或白兰地。法国人不喜欢鸡尾酒。除酒水之外，法国人平时还爱喝生水和咖啡。

5.11　德国礼仪与禁忌

1. 生活礼仪

在德国，不宜随意以玫瑰或蔷薇送人，前者表示求爱，后者则专用于悼亡。

德国人对黑色、灰色比较喜欢，对于红色以及渗有红色或红、黑相间之色则不感兴趣。对于数字“13”和星期五，德国人极度厌恶。他们对于四个人交叉握手，或在交际场合进行交叉谈话也比较反感。这两种做法都被认为不礼貌。路上碰到烟囱清扫工，预示着这一天要交好运。

在德国，星期天商店一律停业休息。向德国人赠送礼品时，不宜选择刀、剑、剪、餐刀和餐叉；不要用褐色、白色、黑色的包装纸和彩带包装、捆扎礼品。在公共场合窃窃私语，被认为是十分无礼的。

2. 餐饮礼仪

在一般情况下，德国人的餐桌上主角是肉食。面包、土豆、禽蛋等虽然也受欢迎，但是它们基本上属于配角。在肉类方面，德国人最爱吃猪肉，其次才是牛肉。以猪肉制成的各种香肠，德国人百吃不厌。通常，德国人都不太爱吃羊肉。除肝脏之外，其他动物内脏也不吃。除北部地区的少数居民之外，德国人大都不爱吃鱼、虾。即使吃鱼的人，在吃鱼时也不准讲话。

德国人一般胃口较大，喜欢吃油腻食物。在口味方面，德国人爱吃冷菜和偏甜、偏酸的菜肴，对于辣和过咸的菜肴则不大喜欢。在饮料方面，德国人最喜爱的是啤酒，咖啡、红茶、矿泉水也很喜欢。

一日三餐中，德国人最重视的是晚餐。用晚餐的时候，习惯关闭电灯，点燃蜡烛，以朦胧的烛光烘托出优雅的气氛。他们用餐的时候，有五条特殊规矩：一是吃鱼用的刀叉不得用来吃肉和奶酪；二是如果同时喝啤酒和葡萄酒，要先喝啤酒，后喝葡萄酒，否则被视为有损健康；三是食盘中不要堆积过多的食物；四是不得用餐巾扇风；五是忌吃核桃。

本 章 小 结

(1) 了解各个国家的生活礼仪和餐饮礼仪，注意各国不同文化的差异带来的不同习俗，才能更好地做好服务工作。

(2) 现在，无论哪个行业，涉外服务越来越普遍。只有对常见交往国的礼仪和禁忌有一定了解，才可以避免不必要的误解，从而促进沟通、提升服务品质。

(3) 接待外宾时，为提高客人满意度，理应主动了解客人的主要习俗禁忌，以便在服务中避免不必要的尴尬，提供高品质的、更具国际化的服务。

练　习　题

阅读下文，请思考：王女士为什么受到冷遇。

王女士是某公司的项目工作者，由于业务成绩出色，随团到中东地区某国考察。抵达目的地后，受到东道主的热情接待，并举行宴会招待她。席间，为表示敬意，主人一一向客人递上一杯当地特产饮料。轮到王女士接饮料时，左撇子的张女士不假思索，伸出左手去接，主人见此情景脸色骤变，不但没有将饮料递到王女士的手中，而且非常生气地将饮料重重地放在餐桌上，并不再理睬王女士。

第 6 章

装维服务规范

学习目标

- ➢ 了解和掌握装维工程师的日常服务流程与礼仪要求。
- ➢ 掌握与客户交流的语言规范。

6.1　日常服务流程

1. 客户预约

装维工程师接到任务后，应在规定时限内主动与客户预约上门服务的时间。与客户联系时要用商量的口吻听取客户的意见和要求，以客户提出的时间优先，照顾客户的方便，并在约定时间上门服务前再次与客户确认，说明拟到达的时间和工作内容。

2. 形象物品检查

上门为客户服务前，装维工程师应统一着装，正确佩戴工号牌、安全帽，保持统一服务形象；进行工单打印和材料领取，并按要求检查开展工作的必备物件。如上门服务前要带齐“十个一”物品：一套统一的工装、一个工号牌、一本客户服务手册、一台笔记本电脑(含一套客户端软件)、一套客户端备用设备、一个工具包、一个网络线路检查器、一个宽带线路测试仪、一个智能手机、一辆交通工具。出发前需要认真检查工具和备件，防止中途离场，反复上门打扰客户。

3. 提前到达

装维工程师应在预约时间前 5 分钟左右到达现场。到达客户单位或居民小区后应主动向有关人员出示工作证件，表明身份，说明来意，不得将工号牌装入衣服或口袋内。到达现场时，应遵守客户所在场所内部的规章制度、风俗习惯。车辆进入客户单位或居民小区内，须减速慢行并停放在适当的位置，禁鸣喇叭。

若因特殊原因无法准时到达，应及时通知客户并取得客户的谅解；若因特殊原因确实需要改变上门服务时间的，应至少提前 2 个小时通知客户，解释变更时间的原因并致歉，态度要诚恳，语气要委婉，以取得客户理解并根据客户的具体情况重新约定上门服务时间。

装维工程师在约定时间内到达现场后，若用户不在家，装维工程师须在门口等候至少

15 分钟，若用户仍未回来，须与用户做好第二次预约。对于第二次预约的客户，装维工程师应优先处理。若与客户联系不上，可留下服务便利贴，记录到访留言后方可离去，到访留言上应写明客户称谓“尊敬的×××(地址) ×××(用户)”、到访时间、离开时间、联系电话、联系人等相关内容，应将服务便利贴张贴在明显位置并确保粘贴牢固。

小贴士

便利贴模板

尊敬的×××(地址) ×××(用户)：

我是××公司装维工程师×××(姓名)，×××(到访时间)到达后，因与您联系不上便于×××(离开时间)离开，请您看到留言后与我联系，联系电话×××，谢谢您的支持！

××年××月××日

4. 入室规范

入室敲门前进行仪容仪表自检，保证整洁、情绪稳定、精神饱满，眼神真诚热情，面带微笑。敲门要轻而有间断，每次用指关节连续轻敲 3 下，若客户无应答，间隔 3 秒后再轻敲 3 下。有门铃要先轻按门铃，注意不要长按门铃。无论房门是否关闭，都要先轻轻敲门，听到应答再进入房间。进入后，需要回手关门，不能大力、粗暴关门。进入房间后，如对方正在讲话，要稍等静候，不要中途插话，如有急事要打断说话，也要把握机会，而且要说“对不起，打扰一下”。

与客户见面时，自我介绍的同时应主动出示相关证件，使用礼貌用语自我介绍，如“您好，我是××公司装维工程师××，这是我的工号牌，请问您是××先生/女士吗？根据您的需求，现在上门为您装机/维修网络故障，请问我可以进来吗”，如有名片，应双手递交对方。

征得客户同意后，进门时必须穿上鞋套(先穿一只鞋套，踏进客户家，再穿另一只鞋套，踏进客户家门)。

如果客户不让穿鞋套，要向客户解释工作纪律，原则上必须穿，特殊情况下可按客户的意见，也可根据现场情况灵活处理。

如遇下雨天，应将雨具放在室外，或征询客户意见摆放妥当。

注意走姿平稳、双目平视，入室时不东张西望、不慌忙奔跑、不大声谈笑、不边走边问。

进门后，装维工程师应做好与客户的沟通工作，告知客户公司的一些纪律规定以及服务范围，让客户监督整个服务过程，然后需向用户了解室内布线及使用位置等情况。

面对客户咨询时，装维工程师应予以耐心的解答，对业务进行详细说明，并介绍技术方案样例，从客户需求出发，为客户提供初步的技术解决方案。

与客户交谈时，要保持适当距离，正视对方，称呼恰当，使用文明服务用语，且态度和蔼、语调温和、吐字清晰、语速适中。

装维工程师在入户服务时，不得将工具包及工具放在客户的床、沙发等生活设施上。

工具包应放在靠近施工场合的合适位置，并在下面铺垫防尘布。

5. 施工服务

工具、设备要轻拿轻放，不得摔、扔工具或工具箱，严禁擅自使用客户的工具或要求客户自己安装、维护。如需借用客户物品，应先征得客户同意，例如“因安装维护需要，借用一下您的××可以吗”。用完后先清洁再轻轻放回原处，并向客户致谢，例如“您的××还给您，谢谢”。

现场实施时应遵循“三不动”“三不离”原则。“三不动”原则指：未联系登记好不动；对设备性能状况不清楚不动；正在使用中的设备不动。“三不离”原则指：工作完了，不彻底试验良好不离；影响正常使用的设备缺点未维修好不离；发现设备有异状时，未查清原因不离。

装维工程师在进行设备安装、铺设线路、配电等操作前，应与用户确认设备安装位置、线路走向、取电方式等，事先征得客户同意。安装位置应选择安全、实用、方便的场所，尽量避免破坏环境，影响客户环境美观等情况发生。

客户对装维有特殊要求，且按客户要求实施将影响使用质量时，需做好客户解释工作，建议客户按照规范实施。若客户坚持，可在确保人员等安全无问题时，按用户需求施工，并与用户进行书面确认，纳入维护资料备存。避免翻越窗户等户外施工出现安全事故。

不随意移动客户家物品。如因工作需要必须移动室内物品时，需告知客户。为避免物件因移动造成损坏，建议由客户自行移动，施工完毕后，应协助客户或自行将物品归位。

装维工程师需要操作客户设备的，必须获得客户许可，并在客户监督之下进行，在操作过程中不得擅自更改客户设备配置。

在服务工作中，对客户提出的要求，在符合规定、条件允许的情况下，应予满足；对客户的不合理要求，应给予耐心解释并婉言拒绝；对不清楚或没有把握回答、解决的问题，不能当场承诺，要以“客户满意就是我们的工作标准”为前提，做好解释工作，并详细记录，请示上级后尽快将解决方案或处理结果反馈给客户。

在客户家中施工，因室外线路或端口操作需要暂时离开时，必须向客户说明，征得理解，并保持联系，如果时间过长，应主动致电解释并征得谅解。

装维工程师应将手机调成静音或振动状态，不打与工作无关的电话和回复短信；如确需打工作电话，需向客户表示歉意，并放低声音，缩短通话时间。此外，还需注意自己的言行举止，勿讲粗话、脏话，勿随意走动，勿习惯性随意拿客户家的物件把玩等。在客户家中实施服务的过程中，严禁在客户家抽烟、喝水、吃食物。

工作出现差错或欠周到时，应主动向客户致歉，并立即予以改正。

装移机或投诉故障修复后，装维工程师应对网络进行调试，相关指标合格后方可告知用户使用，并做好后续工作。

小贴士

装维服务禁语

在装维服务过程中，与客户交流时，切忌出现以下用语：

“不知道，这事不归我们管”。

“不知道，你自己去问”。

“不行”“没办法”。

“不是告诉你了吗，怎么还不明白”。

“说明书上有，你自己看”。

“不知道什么时候能搞好，过几天再说”。

“有意见找我们领导去”。

“快下班了，明天再说”。

“我现在没空”。

“这是公司规定的”。

“喂，你找谁，听不到，大声点”。

“我不是为你一个人服务的”。

“你去告啊，告哪都行”。

“我就这态度，你能怎样”。

“你问我，我问谁”。

“你有没有搞错”。

“不想用就别用”。

“刚才不是跟你说了，怎么又问”。

“我也没办法啊，其他你自己想办法”。

“你去投诉吧”。

……

6. 客户指导

安装、维护后，应向客户主动演示、详细讲解必要的使用方法及保养常识。对客户提出的问题要耐心说明，采用“首问负责制”，正确解答客户提出的有关问题。

对客户需求的服务功能开放授权情况当场无法检验的，应与客户协商安排适当的时间进行检验，直至客户满意。如客户有其他需求，应引导或联系相关部门解决，并进行跟踪督促，直至客户的问题处理完毕。

7. 现场清理

将在现场服务过程中搬动过的客户电脑及其他客户物品还原归位，并且细致地将服务过程中的杂物用随身携带的垃圾袋清理干净并带走，确保客户家中的环境整洁卫生，树立良好的企业服务形象。

在施工过程中，如不小心损坏了客户的原有物品、设施，应耐心做好与客户的沟通工作，尽量恢复原状，并向上级汇报，协商解决赔偿事宜。

整理工具箱(包)时，须对工具包自检一遍，各物品需按要求分类摆放，避免遗漏工具；施工完毕及时归置工具，方便后续使用。

不得违规向客户收取费用，不得接受客户任何形式的酬劳，不得在客户室内无故逗留。

8. 后续工作

服务末了应对客户使用本公司的业务表示感谢，并给客户推广热线服务电话，请客户填写入户装维服务客户意见表和服务监督表，并纳入客户服务质量考核。填写完毕后应仔细阅读客户反馈的信息，如有异议还需询问客户原因，重视客户的意见及建议。如客户有不满意见，耐心向客户了解原因，安抚客户情绪，跟踪服务或反馈至管理人员。

上门服务完成后，装维人员原则上应在规定的时间内电话回单，简洁说明引起故障的原因和排障的方法。若遇特殊情况无法当日回单，需在次日及时向调度人员反馈。

对工单回访结果等有异议的，可进行正常申诉，不能打电话到相关部门与工作人员进行争辩或辱骂工作人员。

对当日工作进行自检和小结，及时记录异常情况。

认真听取相关领导对当前工作的总结及点评，对典型业务处理方法、程序进行交流、学习。

知识链接

一、装移机与外勤操作规范

1. 装(移)机操作规范

(1) 联系客户必须通过语音平台接入号 8××××××2，装(移)机工单必须在与客户预约的规定时限内完成。装机员每天早上 9 点前对当天预警的工单提前与客户取得联系，预约时间精确到上午或下午。要遵守时间，因故变更时，事先要通知客户征得客户同意，以免客户空等。

(2) 如需要对工单进行装机改约、退单，须拨打 8××××××2 录音平台，等客户挂机后，按系统提示进行操作。改约必须按照客户的真实意愿进行，严禁虚假改约。

(3) 因线路或其他原因不能装通的电话，退单必须与客户做好解释工作，不能在客户没有被告知的情况下退单。有联系电话而无法接通的、无联系电话的工单必须上门并留好装机员的联系电话，严禁虚假退单。

(4) 所有回笼工单必须要求客户签字或者征得客户授权由他人签字。宽带客户必须成功拨号一次后才能回笼，严禁虚假回笼。

(5) 装机布线必须要求规范施工，提高装机质量，避免装机后出现故障。

(6) 对于所有移机工单，必须先联系客户，客户确认当天移机后，才能通知测量进行配线，严禁提前配线。

(7) 对于电子工单，应先与客户取得联系，询问客户是否装机，如不装机，则凭录音进行退单；如果装机，必须提醒客户准备好身份证复印件，并到指定营业厅打印发票。装机完成后，收取费用时必须和客户当面点清，妥善保管财物，且必须当天过费并回笼。

(8) 所有装机及材料使用情况必须详细登记在工作日志本上。

(9) 所有装机员必须着工作服、佩戴工号牌才能上门服务，在施工过程中，要礼貌待人，文明施工。

(10) 时限要求：以客户业务受理时间为起始时间，固话、宽带客户，钻石卡、金卡客户装机时限为 8 小时，银卡客户装机时限为 12 小时，普通客户装机时限为 22 小时，22:00—08:00 夜间时间段除外；VIP 客户必须优先处理。

(11) 指标要求：

• 装移机履约率大于 96%。

• 装移机业务受理后首次预约及时率大于 98%。

• 装移机改约率小于 20%。

• 装移机及时率达 100%(资源具备的情况下，城区宽带 24 小时内安装、农村宽带 48 小时内安装或按预约时间安装)。

• VIP 装移机及时率达 98%。

• 新增 24 小时装通率：1 季度末达到 70%，4 月份达到 85%，5 月份达到 95%。

• 未发生越级投诉。

2. 障碍类操作规范

(1) 联系客户必须通过语音平台接入号 8××××××2，查修必须在与客户预约的规定时限内完成。查修员每天早上 9 点前对当天预警的工单提前与客户取得联系，预约时间精确到上午或下午。要遵守时间，因故变更时，事先要通知客户并征得客户同意，以免客户空等。

(2) 如需要对工单进行查修改约，须拨打 8××××××2 录音平台，等客户挂机后，按系统提示进行操作。改约必须按照客户的真实意愿进行，严禁虚假改约。

(3) 收到障碍工单后，外勤人员必须在半个小时内联系预约客户，尽快进行障碍处理。VIP 客户必须优先处理。

(4) 及时查修客户另约的时间，一定要遵守预约时间，及时联系客户处理。

(5) 查修员接到故障派单时，要做到“七清楚”：客户电话号码清楚；详细地址清楚；客户具体名称、联系电话清楚；障碍现象清楚；设备情况清楚；主干、配线对数清楚；杆路分布和交接箱、分线盒所在位置清楚。

(6) 查修障碍时，障碍点判断要准确。

(7) 复障以客户满意为标准，严禁产生提前回单等虚假行为。

(8) 所有查修员必须着工作服、佩戴工号牌才能上门服务，在施工过程中，礼貌待人，文明施工。

(9) 所有故障及材料使用情况必须详细登记在工作日记本上。

(10) 时限要求：固话、宽带障碍，钻、金、银客户在全程 4 小时内修复回单，普通客户在全程 4 小时内修复回单，22:00—08:00 夜间时间段除外。

(11) 指标要求：

• 城区宽带客户 4 小时内障碍修复及时率≥75%。

• 用户障碍修复及时率：VIP 宽带客户障碍修复及时率≥95%，普通宽带客户障碍修复及时率≥92%；VIP 电话客户障碍修复及时率≥95%，普通电话客户障碍修复及时率≥92%。

• 宽带客户重复申告率：VIP 客户重复申告率≤4.5%，普通客户重复申告率≤5.5%。

• 故障回访退单率≤2%。

• 未发生越级投诉。

二、装移查施工规范

1. 交接箱、户外机箱、户外模块局

(1) 跳线时必须使用专用打线枪打线，严禁使用起子等非专用工具，每发现一次，考核时按50元/次扣劳务费。

(2) 跳线的布线按统一走向进行，不得随意乱拉乱扯，保持整体一致。每发现一次不规范走线，考核时按20元/次扣劳务费。

(3) 跳线中间不得有绝缘层脱皮或接头现象，每发现一次，考核时按20元/次扣劳务费。

(4) 严禁从交接箱直接引出用户皮线，每发现一次，考核时按100元/次扣劳务费。

(5) 更换线对后及时拆除原有废跳线，未及时拆除的，每发现一次，考核时按20元/次扣劳务费。

(6) 施工完毕后保持箱体及周边的清洁，不得将废纸、废线置留在施工场所。

2. 下户线

(1) 用户引入线与电力线交越布线时，间距不得小于60厘米，跨越障碍物不得有拖磨现象，不跨栋、不飞线(具备线路资源的情况下)，确保无市电侵入危险。

(2) 跨越里弄(胡同)或街道时，其最低点至地面的垂直距离不得小于4.5米，跨越档内不得有接头。

(3) 布线长度在50米以内不可有接头，长度在100米以内的只允许有一个接头；同一条客户引入线线径须保持一致。

(4) 废弃引入线及不再使用的支撑物必须拆除。

(5) 室内布线须征求客户意见，要做到布线合理、牢固、美观，原则上室内线不应和电力的金属管、槽板等并装在一起，并避免靠近暖气(水)管、强磁场源；穿过地板洞、墙洞时，应有保护措施。

三、装移查服务的“七个一”“十不准”

1. 上门服务“七个一”

(1) 装查前请检查一件工作服、一块工号牌、一声标准问候语。

(2) 装查中请使用一双鞋套、一块抹布、一块垫布。

(3) 装查后请带回一张服务监督卡。

2. 服务纪律“十不准”

(1) 不准在工作场所和客户前抽烟、嚼槟榔。

(2) 不准接受客户吃请，不准向客户索取各种实物和钱款。

(3) 不准刁难、顶撞、训斥、谩骂客户，中断客户通信。

(4) 不准向用户推销和销售与电信相关的设备，如线材、分线盒、路由器、电话机、传真机、分离器等。

(5) 不准无营业派工单私自为客户装、移机；不准私自违规为客户组网、解绑星空极速。

(6) 不准冒充客户签名、回笼。

(7) 不准在工作时间和午餐时间喝酒。

(8) 不准乱动、乱拿客户家的一针一线。

(9) 不准使用客户线路拨打与工作无关的电话。

(10) 不准预约客户后失约。

四、电信装维服务管控制度规范

1. 首问负责制度

装维人员在施工现场需严格执行首问负责制度，遇到客户咨询、投诉的问题能立即答复的，必须当场答复并认真做好解释工作。如由于客观原因不能当场答复的，或不属于本人职责范围内的问题应向客户解释清楚，同时帮客户拨打服务电话或向其他相关部门具体咨询反馈。不准态度生、冷、硬、顶和带有个人情绪上岗，严禁使用服务禁语。

2. 首次回复制度

装维人员在故障处理过程中需严格执行首次回复制度，除按照客户服务等级要求和障碍处理时限及时修复障碍外，各类故障均应在 8 小时内首次回复客户。

(1) 属于末梢装维人员处理的障碍，在接到障碍后 8 小时内与客户联系，将自己的联系号码告知客户。

(2) 属于工程割接障碍，装维人员在接到割接障碍后应在 4 小时内及时转派至割接工程队，并告知客户割接报告上的工程队负责人联系号码。在转派障碍时，装维人员一定要联系到客户，统一电话脚本为“抱歉，这个地方我们正在网络优化，正在处理中，我将我们查修人员电话号码告知您，您请记一下，号码是××××(割接报告上的电话)，如果他未及时处理或者您对他的服务不满意，可与 3×××××0 联系(中午和晚上无人接听)，这个电话会为您督促、处理，感谢您的配合”。在完成电话告知后需在服务保障系统中备注“××交接箱割接，××工程队正在处理，按综调要求，已将工程割接报告上联系人员号码××告知客户”。

(3) 属于电缆障碍的，装维人员在转派障碍时，一定要联系到客户，统一电话脚本为“抱歉，这个地方电缆故障我们正在紧急抢修处理中，我将我们抢修人员电话号码告知您，您请记一下，号码是××××，如果他未及时处理或给您的回复不满意，可与 3×××××0 联系(中午和晚上无人接听)，这个电话会督促其处理，感谢您的配合”。在完成电话告知后需在服务保障系统中备注“××电缆障碍，××电缆班正在处理，按综调要求，已将电缆维护人员联系号码××××告知用户”。

3. 升级上报制度

(1) 维修人员发现维护区域有批量客户申告或发生重大故障，应立即将情况汇报班长直至中心领导，由班长或中心领导及时反馈各相关部门处理。处理部门同时将故障发生现象、涉及面、处理情况及预计处理完成时间等信息通知相关部门，以便做好客户的安抚、解释工作。

(2) 维修人员对于 2 次以上重复的障碍，无法彻底查修的，要主动上报班长，由班长根据需要调整业务技能高的维修人员再进行彻查。

(3) 装维人员对于管控部门的催装催修，要在现场及时处理并做好客户的安抚、解释工作，对于有投诉倾向的应立即向班长汇报直至中心领导。

(4) 对于确实由于客观原因和用户原因(联系不到用户、疑难障碍等)造成无法及时修障的，维修人员需在流程时限内及时回告或汇报可能超时的原因，同时上报班长，作为减免对维护人员考核的依据。综合调度在催单过程中若发现维修人员随便使用回告功能，要及时在系统中进行短信通知查修，并记录按照虚假回告进行考核。

实战操作

电信智能组网服务操作六步法

流　程	规定内容	实施标准
1. 工作准备	1. 面净，发理，衣整，着装规范； 2. 工具按要求配备； 3. 摆放合理整齐； 4. 卫生达标	1. 发型：干净整洁，前不遮眉，侧不过耳，后不遮领； 2. 脸部：无胡须，无鼻毛，无灰尘； 3. 手部：不可留长指甲； 4. 衣服：着配套工装； 5. 鞋袜：着工作鞋，配深色袜子； 6. 工具配套齐全，摆放整齐； 7. 精神状态好
2. 电话预约	1. 电话接通有正确的称呼； 2. 电话接通后有问好声“您好”，能正确使用开场白； 3. 语言表达清晰、易懂，语气温和，使用文明用语； 4. 确认相关设备是否准备到位； 5. 请客户先挂电话，挂断电话迅速记下相关信息	1. 您好，我是××电信智能组网工程师×××，请问您是×女士/先生吗？您是否办理了智能组网业务？ 2. 现在耽误您几分钟时间与您确认一下信息，请问您方便吗？ 3. 请问您的地址是……吗？请问您的××物品是否已准备好，半个小时后我们上门为您组网，您看方便吗？ 4. 好的，谢谢，请您留人配合。如果有任何变化请您提前通知我，谢谢，再见
3. 上门拜访	1. 按约定时间提前 5 分钟到达，整理职业形象； 2. 敲门声规范标准； 3. 规范的见面礼节、自我介绍； 4. 征求同意后进门，主动穿戴鞋套	您好，我是××电信装维工程师×××，这是我的工号牌。请问是×先生/女士吗？现在上门为您智能组网，请问我可以进来吗？谢谢(套鞋套)
4. 智能组网	1. 举止规范有礼； 2. 使用文明礼貌用语； 3. 与客户商量装设位置； 4. 布线规范，做到先征询后实施； 5. 根据客户需求提供相关产品使用知识	内容一：沟通需求 1. 您好！本次智能组网服务主要是为了实现您家里全面、稳定的 WiFi 覆盖； 2. 请问您家里主要在哪个位置无线上网？常用的是什么设备？ 3. 您感觉家里的百兆宽带网速怎么样？ 4. 您家里平时使用 WiFi 上网时是否有哪里信号不好？有的话是哪里？ 5. 请问对于本次服务有什么具体的特别要求吗？ 6. 我们大致会通过家庭组网环境改造、无线 AP 设备安装和无线测试三个步骤来实现您家的网络优化

续表一

流　程	规定内容	实施标准
4. 智能组网		内容二：现状测评 1. 按照服务规范，我们需要对您家中的××个位置(至少 3 个点)进行 WiFi 信号强度的测试，请您选定××个经常上网的位置，我们将使用专业的网速测试工具来进行网速测试； 2. 这是您选择的×个位置的 WiFi 信号强度，根据测试结果，有××个场点信号质量良好，有××个场点信号覆盖较差； 3. 影响速率的原因比较复杂，您这里现在速率不理想的原因可能是……需要对您家的网络进行优化
		内容三：设计沟通 1. 请问这里附近有电源插头吗？ 2. 请问这里到那里之间有网线吗？ 3. 请问这根线是通向哪里的？ 4. 请问这个柜子能移动吗？ 5. 请问这里布放一根网线行吗？ 6. 请问这条电视同轴线目前有在使用吗？ 7. 请问在这里加个设备可以吗？ 8. 我们想把 AP 安放在这里主要是考虑到这块区域能够得到更好的覆盖和使用效果，但是需要在这里布一根线，您看行不行？ 9. 根据您家里的房间布局和刚才 WiFi 测试的实际情况，我们设计了这样的智能组网方案，在××处放置信息点，您看是否满意
		内容四：组网施工 施工过程中有用户在旁边观摩的话可适当对施工流程进行介绍，如“现在为您施工的是……，这样做的好处是……能达到……的效果”
		内容五：优后测评 根据服务规范，我们将对您刚才指定的××个位置重新进行 WiFi 质量测试。您看这里的覆盖已经非常优后/良好了，下载速率已经达到了××MB/s，已经相当不错了，您可以亲自体验一下
5. 业务随销	简短式一句话营销：了解客户目前使用的 TV 电视、网络宽带等，可推广公司的其他套餐业务和增值类业务	ITV 点播：您好，现在为您演示 ITV 功能，您请看，在使用过程中要注意的是点播，凡是有提醒收费类的电视节目在观看的过程中都会产生相关费用，为了避免小孩误点可以设置童锁功能，如果想观看院线大片您也可以开通包月功能，使用起来更优惠

续表二

流　程	规定内容	实施标准
6. 工作结束	1. 了解客户试用后的感受； 2. 主动邀请客户扫码评价，如有不足及时沟通、努力改正，直到客户给予满意的评价； 3. 预留个人联系方式的同时推出服务热线； 4. 询问客户是否有其他需求，如有，尽力解决，提供友情服务； 5. 检查清扫现场； 6. 致谢，友好告别	1. 我们的家庭组网环境改造、无线AP设备安装和无线测试都已经完成了，您的网络测试报告可以通过登录网厅、微厅查看； 2. 非常感谢您对我们工作的支持，如果以后您的宽带、电话、智能组网硬件出现故障或有其他需求，或有什么建议和意见，欢迎您随时拨打服务电话或登录网厅、微厅反映，我们将热情为您服务，再见

6.2　装维人员仪容仪表及行为规范

一、装维人员仪容仪表

(1) 装维人员上门需更换统一的工作装，佩戴工号牌、星级服务标识；入室应更换鞋套；星级服务标识佩戴位置为左上胸，工号牌吊(夹)胸前。

(2) 装维人员仪表要做到：发型适当，不染发、烫发，不留怪异的发型。要有良好的个人卫生习惯，服装要整洁，纽扣齐全、系好，不留胡须，不穿奇装异服，不给客户造成不良的视觉形象。鞋子要和整体服装配套，禁止穿拖鞋上岗，禁止敞怀或将长裤脚卷起，不得戴墨镜面对客户。

(3) 总体要求：目视客户，亲切微笑，动作规范适度、干净、利落，不拘束、不呆板、不过度、不做作。

二、装维人员行为规范

(1) 整体形象标准：上门服务应该穿着具有单位标识的统一服装，佩戴统一的服务工号牌(工号牌应佩戴于胸前)；携带统一的工具包(工具配备齐全)，仪容仪表整齐。

(2) 进出小区或单位时，要遵守门卫制度，主动出示有关证件，车辆停放应注意小区或单位停车规定，听从保安指挥；上门服务敲门时要轻而有间断，并以每次三下为度，按电铃要有间隔，不要长按铃。

(3) 上门服务人员应仪容整洁、大方，保持良好的个人卫生习惯；如因工作需要进入客户家施工时需穿上鞋套，如遇下雨天，应将雨具放在室外。

(4) 客户开门后，应主动进行自我介绍并出示工作证件，说明上门原因及主要的服务内容。与客户对话时要保持适当距离，正视对方，称呼合适，态度和蔼，有问必答，不准训斥、责备客户。

(5) 在客户处站立时，不背靠他物，不叉腰、不抱胸，坐时不靠躺，行走时脚步稳，不应有不文明的行为举止。室内施工时，工具、设备要轻拿轻放，并在下面铺垫报纸或塑料布，严禁擅自使用客户的工具或要求客户自己安装。

(6) 如施工需要搬动客户室内物品，必须征得客户同意，并做到轻拿轻放。在施工现场不与人打闹、嬉戏，不随便与客户开玩笑；不在客户家中抽烟，不嚼口香糖；严禁酒后上岗。

(7) 工作出现差错或欠周到时应主动向客户致歉，并立即纠正；若在施工过程中发生损坏他人财产的情况应耐心做好与客户的沟通工作，并向上级汇报协商解决赔偿事宜；耐心倾听客户意见和建议，认真解答客户的提问，不得顶撞、讽刺、挖苦客户，禁止与客户争吵，得理让人。

(8) 因工作需要借用客户电话时，需征得客户同意；施工完毕后应主动清理现场，打扫卫生，做到人走地净，并与客户友好道别；服务态度要好；能及时预约、按时履约，预约上门时间时要尽量考虑客户实际情况等。

三、电信装维人员服务用语规范

1. 电话预约用语规范

(1) 装移机服务。

装维人员上门服务前应按综调中心预约时间提前 10～15 分钟与客户电话预约。

装维人员：“您好，×先生/小姐吗？我是×××电信公司的装维员×××。您申请的电话(宽带)现在可以安装了，请问您什么时间方便，我可以上门为您服务？”

(2) 维修服务。

装维人员在收到故障工单后及时与客户预约。

装维人员：“您好，×先生/小姐吗？我是×××电信公司的装维员×××。您家里的×××电话(宽带)出现故障，现在需要上门为您检修，请问您什么时间方便？”

2. 上门服务用语规范

(1) 上门服务时敲门要轻(不按长门铃)，并应向客户出示工作牌并递送名片。

装维人员：“您好，我是×××电信公司装维员×××，现在来上门为您装机或检修话机，请问我可以进去吗？”

(2) 得到允许入屋时，应脱鞋、换鞋或穿上鞋套，并说：“谢谢，请问电话(宽带)装在什么位置？”

(3) 施工确需挪动物品时，须得到客户许可，搬动物品时，应小心，避免任何损坏。如需要使用客户的电话、洗手间等设施，应先征得客户同意。

装维人员：“×先生/小姐，您的电话(宽带)已经修好，可以使用了，请您试用一下。”

(4) 客户试用电话(宽带)没有问题后应致谢并主动征询意见。

装维人员：“谢谢您使用×××电信业务，请问您是否满意我的服务？”

(5) 客户表示满意后应谦虚致谢并请客户在工单上签字。

装维人员：“谢谢您的鼓励，这是我应该做的，请您在这里签字。”

(6) 客户签字后，应清理现场，挪动的物品应恢复原处，并自行带走施工垃圾，走时应与客户道别，客户未表示时，一般不主动与客户握手。

装维人员：“以后有问题您可以拨打我们的免费客服热线，再见。”

案例分析

李先生在营业厅办理了一个电话单项业务，某装维经理上门服务时，却要求装多部分机，与实际办理的业务不符。如果你是这个装维工程师，该如何处理？

本章小结

(1) 装维的日常服务流程包括：客户预约、形象物品检查、提前到达、入室规范、施工服务、客户指导、现场清理、后续工作。

(2) 装维人员保持良好的仪容仪表，严格遵守行为规范，有助于提升服务品质和客户满意度。

练习题

1. 装维人员的日常服务流程包括哪些？
2. 装维人员的行为规范有哪些？

第 7 章

客户服务行为规范

学习目标

- 了解和掌握客户服务行为规范。
- 掌握与客户沟通的技巧。

7.1　服务行为规范

一、仪容仪表规范

仪容、仪表不仅代表了服务人员的个人修养，也是公司形象最直接的体现，因此，每一位客户经理的仪容仪表都应端庄、整洁、精神饱满、目光诚挚热情、面带微笑，以职业化的形象为客户服务。

1. 工作服着装规范

客户经理在营销服务过程中必须穿工作装。夏季着衬衣时，下摆须扎入工作裤内。

2. 仪容规范

(1) 头发保持干净、整洁，不染怪异色彩、理怪异发型，男士不得留长发。

(2) 面部剃净胡须、刮齐鬓角、鼻毛不得露出鼻孔，女性员工在工作中应化淡妆。

(3) 保持口腔无异味，牙齿无污垢。

(4) 勤洗澡，勤换衣，尽量避免有过重的体味。

(5) 指甲修剪干净平整，不得留长指甲、涂颜色过于俗艳的指甲油。

(6) 佩戴饰物不得过于繁杂、夸张，饰物不得影响工作。

二、举止行为规范

1. 站姿

抬头挺胸，男士双腿自然分开(宽度不超过肩宽)。女士可用小“丁”字步，即一脚稍微向前，脚跟靠在另一脚内侧。站立时不得背靠他物、叉腰、双手抱胸、搂肩搭背。

2. 坐姿

上身挺直，双肩平正，两臂自然弯曲，两手交叉叠放在两腿中部靠近小腹处。男士也可两脚自然分开(女士双膝并拢，两脚保持小“丁”字或保持平直)，至少坐满椅子的 2/3。不得前倾后仰、跷二郎腿、抖动腿脚。

3. 递接名片

递名片：名片应装在名片夹，放在上衣口袋或公文包中，递名片时应将姓名正对向客户，双手握住名片边缘递给客户，并报出自己的全名。

接名片：双手接过，表示感谢并认真观看以示尊重。看完后郑重收藏，不得漫不经心、随意放置或忘记带走。

4. 握手

握手时应等客户先伸手，再迎合客户握手，身体应稍微前倾以示尊重。和男士握手应热情有力，和女士握手男方只要轻轻一握即可。

注意：跨门槛或隔着门槛握手时，不得东张西望或漫不经心；手不干净或湿的时候应礼貌地拒绝握手，并讲明理由，不得戴手套握手。

5. 使用手机

进入客户家必须将手机设为振动状态。必须使用手机时，应当向客户表示歉意后再使用，并尽量避免干扰客户。

6. 与客户交流中的距离、位置

站立时应与客户保持 60～80 厘米的距离，并保持身体与客户形成一定的角度。坐时，一般应避免坐在与客户正对面和并排的位置上，应坐在与客户斜相邻的位置上。

三、服务用语规范

1. 客户经理常用规范用语

基本十字用语：请，你(您)好，谢谢，对不起，再见。

2. 常见的接听或拨打电话规范用语

(1) 在电话铃响三声内接听电话：“您好，××电信。”

(2) 接听后应致问候语并通报名称：“您好，我是××电信的客户经理×××。请问是×先生/小姐吗？我公司最近推出了新的业务/优惠，不知可否占用您几分钟时间？”

(3) 未明白客户所提问题时：“对不起(很抱歉)，先生(或其他礼貌称谓)，请您再重复一遍好吗？”

(4) 客户提出的问题需要查询方能解答时：“请稍候，我帮您查查。”

(5) 当较长时间才查出客户需要的相关资料时，应向客户致歉：“对不起，让您久等了。”

(6) 向客户解释清楚一个问题后，应询问：“请问还有其他需要(问题)吗？”

(7) 客户对电信服务与管理提出建议或批评时：“谢谢您的建议(或批评)，我们会尽快向上级部门反映的。”

(8) 客户示意收线时，应主动致谢："打扰您了。谢谢，再见！"

3. 预约规范用语

(1) 常见的正常预约规范用语。

- 征询客户预约时间的意见："请问您什么时候方便？"
- 告知客户注意、准备事项："您需要准备……(设备、物品名称)。"
- 确认联系方式："我的电话号码是×××，如果有任何变化请您提前和我联系。"
- 最后确认服务时间："好的，我明天上午 10 点钟准时上门为您服务。"
- 礼貌再见："谢谢您，再见！"(必须等对方挂断电话后再挂机)

(2) 常见的变更预约规范用语。

- 向客户表示歉意并解释原因："非常抱歉，原定于明天上午 10 点上门为您服务，由于……不得不推迟，给您带来的不便，我们深表歉意！"
- 向客户建议新的时间段，征询客户意见："××先生，明天下午 3 点我再上门为您办理行吗？"

4. 上门服务规范用语

(1) 敲门或按门铃后，当听到客户询问时，在门外简单报明身份："您好！是××家吗？我是××电信的客户经理，上门为您办理……(具体业务名称)。"

(2) 客户开门后，向客户说明身份："我是××电信客户经理×××(全名)，这是我的工作证。"

(3) 当客户说请进后，表示谢意："谢谢！"

(4) 完成服务前要告知客户联系方式及注意事项，体现用心服务："您的业务大概在 3 天后可以开通，这是我的名片，有任何问题都可以和我联系，也可以拨打服务电话或到就近的营业厅咨询。"

(5) 完成服务，向客户告辞："打扰了，再见！"

7.2　营销服务规范及技巧

一、营销服务前的准备工作

作为一个营销人员，应该对自己所销售的产品有全面的了解，并以专业的形象面对客户，取得客户的信任，增加营销成功的机会。

1. 熟知产品的特点、卖点及营销措施

(1) 通信类企业是服务型企业，通信的产品就是服务。直接与客户打交道的客户经理，必须指导客户正确使用产品，并适时跟进营销工作，这样才能保证服务的完整和优质，营销工作的成绩也才能得到体现。

(2) 产品的卖点是产品吸引客户并成功营销的关键。知道了卖点，就可以正确确定目标客户群，从中发现潜在客户。客户经理要深入了解自己的产品，并对相关竞争对手的产品有一定的了解，对两者的优劣势有较清晰的认识，在向客户介绍时强化自己的优势，把焦点转移到客户的整体利益上来淡化缺点，增强客户对产品的信心，激发其购买欲望。

(3) 市场是千变万化的，不断有新产品、新资费出台。根据平时搜集的资料，做好产品与竞争对手的资料对比分析，对这些产品了然于胸，这样才能跟上市场的变化。

对一个专业的客户经理来说，不能因为产品的更新速度快、公司培训跟不上等原因而不去掌握所销售产品的知识。只有努力钻研和学习，才能掌握比他人更多的知识，工作才能更出色。

2. 熟知客户信息

(1) 上门前，客户经理应从支撑系统中查询用户资料，包括姓名、地址、话单等，根据客户现有情况初步分析客户的潜在需求，选择有针对性的产品介绍给用户。

(2) 了解客户，要了解他们的收入水平、消费水平、消费偏好、消费习惯等，通过一区一表和客户信息收集表及时收集和更新有用的客户信息并对此进行分析。只有这样，才能真正地了解每个客户群体的特殊需求，让营销沟通更个性化、灵活化。

(3) 一种产品能否被客户接受取决于多方面因素，而在同类产品中，客户选择的原因，则是产品之间在某一方面存在差异。了解影响客户使用电信业务的主要因素，分析自己与竞争对手的差距，针对不同客户有的放矢，分别采取突出优势扬长避短或发现劣势弥补不足的营销策略，才会被更多的客户喜欢和接受。

二、上门服务规范及技巧

1. 上门服务的基本礼仪

(1) 准时：学会预留“储备时间”。

(2) 敲门：无论门是否开着都应敲，每次三下，敲门声要清亮而有节奏(不可长时间按门铃)。

(3) 站姿：敲门(按门铃)后，后退两步以等待客户开门，并面带笑容，以恭敬的姿势站立。

(4) 称谓：最后以客户的姓名称呼，如“××先生，您好，我是××电信公司客户经理××，按预约上门……”

(5) 入室：得到允许入室时，应该视具体情况选择是否穿上自带的鞋套或脱鞋。

(6) 业务处理过程中，要尽量减少客户配合协助的动作，必须要求客户协助时，应有礼貌，如“对不起，先生，能否……”

2. 上门服务规范的五大步骤

上门服务的步骤包括服务准备、客户预约、礼貌登门、服务实施、致谢告辞。

(1) 服务准备。

• 熟知产品的特点、卖点及营销措施(具体见前文)。

• 准备的资料，包括工号牌、名片、手写发票、零钱、业务受理便签、宣传资料等。

• 将大体的工作过程在大脑中演练一遍，仔细考虑过程中可能遇到的问题，确保各个环节都已经十分清楚。

• 携带必备的工具：例如业务演示的光盘、一些常用的家庭软件等，有条件的客户经理还可带上手提电脑向客户演示无线宽带业务。

· 检查仪容仪表、名片、证件，要保持愉悦的心情和饱满的精神。

(2) 客户预约。

客户经理在上门服务前应与客户电话预约，要注意预留时间余量，把握好路上的交通状况，考虑天气状况等，根据实际情况确定可能延误的时间并做好相应的预防措施，同时要向客户说明需提前准备的证明文件或其他注意事项。

(3) 礼貌登门。

按照约定的时间提前 5 分钟上门，上门时敲门要轻(不长按电门铃)，并向客户出示工号牌和递送名片，同时说明来意。再次与客户交往时应能记住客户的姓名和职务，在业务往来时应以职务相称。

(4) 服务实施。

· 在服务实施过程中，引导客户发表意见，挖掘用户需求。在给客户做演示或教客户使用某项产品后可询问客户使用业务的情况及存在的问题(营销切入点)，诚恳地听取客户各方面意见，进一步询问客户有什么喜好以及对什么感兴趣等，挖掘客户潜在需求，并详细记录下来。要营造轻松的气氛，让客户多说，使客户感到自己受到重视，增强客户的信任感。

· 针对性营销。将产品宣传小册子与资费手册等资料送给用户，然后根据预先准备好的针对性产品以及现场得到的用户信息向客户营销。如果发现客户有兴趣，继续向客户介绍目前的阶段性优惠措施。

· 搜集客户资料。如果客户态度较积极，告诉客户为了日后更好地为其服务，能否核对一些客户资料，比如家庭成员、每个人的年龄、职业、收入、喜好、电子邮箱等。并留给客户自己的联系电话和名字，告知客户自己或他们的朋友有什么问题和需要时，都可与你联系，拓展客户关系网。

(5) 致谢告辞。

工作结束后应感谢客户的配合，说“谢谢您的配合!”“谢谢您的支持!”“请您多提宝贵意见!”。走出房间，脚步要轻，走到门口应回身面对客户说“请您留步!”“今后有问题请随时联系，再见!”。

3. 引起客户好感的基本技巧

(1) 初次见面一定要守时。

如果的确有不可避免的因素而造成迟到或早到，必须尽早告知客户，寻求客户的谅解，可以说：“很抱歉，因为我们安排不当，去到你那可能会晚点，可以吗？”“很抱歉，可能提前到达，不知道是否方便？”

(2) 尊重客户，留下好印象。

在适当时要称赞客户、亲切有礼、态度诚恳、微笑，与客户有目光接触，采用积极的身体语言。

(3) 专心聆听，表示了解客户的感受。

(4) 征询客户的意见，有需要时提供建议。

(5) 离开的途中注意礼仪，礼貌地与客户道别，帮客户小心地带上门。

4. 业务受理、处理投诉时上门与客户沟通的技巧

1) 上门进行业务受理时的技巧

(1) 面带笑容，忌冷若冰霜。

上门服务时，客户经理首先要面带微笑，切忌冷若冰霜，同时要有恰当、礼貌的称呼，谈吐要大方，要给人以热情可亲之感。

(2) 耐心介绍，忌少言寡语。

耐心向客户宣传业务的种类、特色以及使用的意义、好处，耐心解答客户提出的各种疑问，必要时还可举些成功合作的实例。总之，对客户要有耐心，切忌少言寡语。

(3) 愉快合作，忌硬性推销。

要注意揣摩客户心理，尊重客户意愿，不能硬性推销。

(4) 实事求是，忌夸大口。

业务推介要实事求是，不能信口开河，夸大其词，否则会损害自己和公司的信誉。

2) 上门处理投诉的技巧

(1) 客户永远是对的。

不管对方是否有理，都用友善的微笑表示欢迎。只有友善、关怀、同情和理解才是瓦解对方心理防线的锐利武器。

(2) 学会倾听。

耐心倾听对方意见，让客户畅所欲言，不打断、不插嘴、不争辩。但是，营销人员不能与客户一起指责企业，指责自己营销的产品或服务。因为破坏了产品或服务形象，即使个人取信于对方，对营销也毫无帮助。

善于倾听客户的想法才能快速捕捉到服务的机会，有效地倾听客户的建议才能使服务符合客户的期待，不断发展客户和留住客户。

倾听时，心态、方法、机会都会对倾听质量产生影响。

《礼记·大学》中说："物格而后知至，知至而后意诚，意诚而后心正，心正而后身修，身修而后家齐，家齐而后国治，国治而后天下平。"原意是：通过对万事万物的认识、研究后才能获得知识；获得知识后，意念才能真诚；意念真诚后，心思才能端正；心思端正后，才能修养品性；品性修养后，才能管理好家庭和家族；管理好家庭和家族后，才能治理好国家；治理好国家后，天下才能太平。这给我们一个启示，对事情要精于钻研，探究内里，才有可能把握到真正的脉络。沟通也是这样，不能认为能说会道就是沟通的制胜法宝。

有效的倾听常常是人际沟通中的润滑剂，但是却被很多服务人员忽略。事实上，缺乏有效的倾听，也是导致客户投诉的重要原因。

不是所有的倾听都有融洽彼此关系的作用，因为倾听也有积极和消极之分。积极的倾听是指倾听者全神贯注，在倾听的过程中有呼应、有回复，并调动自己的知识、经验、情感，大脑跟随运转。而消极的倾听是麻木懈怠的，大脑根本不会配合运转，甚至充耳不闻。这两种状态，客户是可以轻易识别出来的。因此，倾听是有技巧的。

第一，露出真诚的微笑。笑容能够鼓励说话者，激发他的表达热情。在交流和沟通时，如果彼此带着微笑，对沟通是大有裨益的。

第二，准备聆听的姿态。如果一边整理东西一边听客户讲话，对客户是一种极大的不礼貌，客户的交谈也就完全失去了对象感，产生不悦情绪或是终止交谈都是有可能的。因此，在与客户交流时，倾听的一个很重要的标志就是暂停手边无关的事项，至少能够在客户最初开口时暂停一下，以示倾听，也表示客户可以开口了。准备聆听的姿态其实也包括心理方面的准备和必要物品的准备，比如需要记录时，要准备好纸、笔等。

案例分析

赵小姐和朋友去逛商场，在某品牌前发现了她们一直心心念念的某款手表。这块手表被很多时尚杂志推荐，她们一直想买，可是一直没找到。

她们俩赶快请店员帮忙把这款手表取出来，但是店员正在整理账目，好像没听见她们说的话。赵小姐看了看时间，现在才七点多，商场十点关门，怎么现在就开始整理账目了？她又加大音量把话说了一遍，店员才将手表拿了出来。

果然是块很时尚的表，赵小姐很喜欢这块表，就问："这个表带是什么材质的？"

店员还在整理账目，头也不抬地说："仿皮。"

赵小姐又问道："那这个冬天会裂吗？表盘的这个金色会褪色吗？"

店员说："一般不会裂。表盘保养得好的话一般不会褪色，因为材质是镀金的，所以时间长了可能会有点褪色。"

赵小姐觉得这个价格也不太像金的，但是反正也是一块时装手表，她已经心动了，就说："你帮我把那款棕色的表带拿出来对比一下。"

店员正在用着计算器，没有回答。

赵小姐突然有一种要求着店员买东西的感觉，情绪一下子变得很糟糕，她把表放在柜台上拖着朋友一言不发地走了，走的时候还气得胸脯一鼓一鼓的。虽然她很喜欢这款表，但是她实在受不了这个店员的态度，她礼貌地询问，这个店员却始终头也不抬地整理账目，她每个问题都得重复两遍才能得到回答。这个品牌也不是只有一家店，她决定换个商场买，没必要在这里白受气。

怎么听客户讲话，先不用关注姿态和语言的配合，能够准备好一个打算聆听的姿态就是对客户的尊重。比如，服务人员只要在交流时将身体略微前倾，友好的交流氛围也就营造出来了，客户受到这种积极的行为暗示，表达也会更加流畅。而把身体向后靠，傲慢和拒绝的感觉就会油然而生。在电视访谈节目中，主持人和嘉宾如果交谈愉快，那么他们的身体必定都略微前倾。如果嘉宾对主持人提出的问题有戒备则身体会向后靠，以表明拒绝或不愿意回答这个问题。所以，在倾听客户表达时身体略微前倾，能够让客户有愿意交流的感觉。另外，还要有附和的声调。想要客户知道服务人员在认真倾听，就需要做出适当的回应，比如"是这样""嗯，好的""是是"。

【案例分享一】

李先生请朋友到某高档酒楼用餐，点了一桌子菜，他还特意点了一道朋友最喜欢吃的西湖醋鱼。但是在用餐过程中，他发现朋友很少吃，尽管他一再给朋友布菜，朋友似乎还是不太有胃口。他便尝了尝这道菜，就发现了问题。朋友喜欢吃西湖醋鱼，享受的是独特的风味和滑嫩的口感，但他是北方人，今天的西湖醋鱼有点偏甜。可这是家地道的上海菜馆，味道偏甜也是情理之中，其他菜也是有些偏甜。

他便对服务员说："这鱼太甜了，与我们平时吃的不太一样，你看，我专门给朋友点的这道菜，他却没怎么吃。"

服务员一边听一边点头说："是，是，我们是上海本帮菜，有的时候是有顾客抱怨有些甜。"

李先生一听也跟着说："是呀，餐馆开到北方，多少还是要兼顾一下北方的饮食习惯，有些菜太甜，我们北方人是接受不了的。"

服务员说："是的，是的，我们会跟经理建议的，真抱歉，菜有些不合您的口味，也怪我，点菜时应该询问一下您，真是抱歉。"

李先生一听连忙说："没事，没事，你们能听取客户意见这很好，除了鱼有点甜，但你们的上海菜还真是很地道。"

客户的不满就在服务员的倾听、回应和道歉中消失了。因此，面对客户的不满和投诉，只要找到合适的方法，解决起来并不是多么困难。客户去餐厅用餐也不是为了生气，而是为了享受美食，如果能够和服务员交流顺畅，相信，他们是不愿意找气生的。

第三，热情友好的目光。客户在表达时，需要注视客户，并用热情友好的目光。在语言交流的同时，目光语也是非常重要。当然，交流时要视具体内容而定，不需要自始至终盯着客户，而是尽量"散点柔视"。

【案例分享二】

王大爷去医院看病，看完病没有去拿药，而是径直去医院办公室投诉。

院办的李大夫接待了王大爷："请问，您对哪些方面不满意？"

王大爷生气地说："医生瞎给我开药，这个药方完全不对症。"

李大夫说："那我重新请位大夫给您看看，行吗？"

该科主任为王大爷检查后开出了与之前的大夫一样的处方。

李大夫赶紧跟王大爷解释："大爷，您看，科主任的处方与之前的一样，这下您放心了吧。我们医院的大夫医疗技术都是很过硬的，而且您这是小毛病，放心吧，吃点药就没事了。"

王大爷将信将疑："可是刚才给我看病的医生问了我很多问题，我都认真解答了，但是他自始至终都没有看过我一眼，他听了吗，他是怎么看病的呀？"

李大夫一听明白了："大爷，您说的话他都在听，不然怎么能开出正确的处方呢？他没抬头，是怕遗漏您讲的要点，他需要给您写病历，您看他这不给您写的很全面吗，您再来复诊时，大夫一看您的病例就知道您之前的症状和诊断方案了。"

王大爷还是很不高兴："再忙，也不至于一下头也不抬了吧，抬一下头看我一眼能费多少时间，他一眼都没看过我，这能叫看病吗？"

李大夫又再次道歉，并带着大爷一起去取药，才算消了大爷的怒气。

医生一定用余光看过王大爷，不然也不能正确开出处方。但是由此可见，目光的交流是多么的重要，没看过，似乎就意味着没有倾听过。所以，在沟通中一定要注意用目光适当地交流。

第四，配合适当的点头。点头意味着听明白了，听到了。很多服务人员不敢点头，怕客户以为点头就是同意。其实在交流时，点头是一种礼貌，只是向客户表达你在倾听，并不会左右对事情的判断。

努力做一名有倾听能力的人，你就会体验到倾听在客户服务过程中带来的便利。每个人在讲话时都希望被人听到，并获得尊重、得到理解、听到反馈。很多服务人员会委屈地说“我在听啊，客户每次讲话我都有听”，但这里强调的是有效倾听并给予点头回应，而不是思绪飞得很远，客户提问时，愣怔怔地说“请您再说一遍”。

古人云：“信言不美，美言不信。善者不辩，辩者不善。”善于倾听的人一定是胸怀宽广的人，这也是服务人员的必备素质之一。善听才能善言，只有听才能使自己了解得更多。

(3) 不要先入为主，以偏概全，与对方争论或过早下结论，妄加批评。要站在对方的立场思考问题，开放自己的胸襟，接纳别人的意见。

(4) 善于表示同情与理解，控制情绪，不要被自己的情感所左右。

(5) 经常留意对方的身体语言，如面部表情、声音频率、声调、神情、目光、姿势等，这些身体语言都可提供丰富的信息，印证对方所发出信息的真假及严重性等。

(6) 复述，即用自己的话重述对方所说的内容。这样既可以检验自己理解的准确性，还可以避免自己思想走神。

(7) 尽快解决问题。

发现客户确实蒙受损失时，要真心道歉并主动征求意见：“您认为我们该如何处理好？”这么一问，客户感到你重视他、了解他、同情他，精神上得到慰藉，有时怨恨自消，主动降低要求。原来想要求退货、退款的也可能象征性地只要求一点补偿。

当客户提出的处理意见确实合理时，在我们职权范围内可解决的，应尽快采取行动解决，使客户感到我们处理公正、得当，可能还赢得再次合作的机会。但自己无权处理时，一定不能违反电信规定擅作主张，向客户做出不切实际的保证。

(8) 得理饶人，化解矛盾。

对于存心无理取闹的客户，要有针对性地采取不同的应对方法，要引导他把抱怨转移到正确的方向，送给他一个能顺利下台的台阶，给他一个挽回面子的机会，这是最好的解决办法。当然，万不得已时，还是要直截了当地拆穿对方的谎言，不过这也意味着从此丢失了一位客户，所以应尽量少使用。

(9) 总结经验。

把处理客户不满的事实整理成资料，这对客户经理和企业都是十分宝贵的。因为从中可以吸取经验或教训，引起注意并在工作中改正，可避免今后再听到同类的怨言，使更多的客户满意和高兴。

5. 上门拜访中应注意的问题

(1) 融洽气氛，拉近距离，再入主题，学会感谢和赞美客户，但避免滥用恭维话，切忌一进门就起言推销。

(2) 尽量让客户多说话，自己多观察、多了解，收集有用信息。

(3) 不要轻易打断对方的话，不应以教训的口吻说话，多给客户提建议。

(4) 关注客户对现有产品的意见，发掘客户潜在的需求。

(5) 客户需要帮助时，在不违反相关规定的前提下，应热情相助。

(6) 上门服务时应与客户当面点清钱款、票据和其他有价证券等，核对填写的有关文件、表格、协议等，并请客户签字确认。

(7) 客户经理应了解授权有限，对于没有把握的问题，特别是超越权限范围的问题，不得随意承诺，但也不简单地说“不”。

(8) 客户经理应详细记录上门服务时客户提出的建议或投诉，并及时处理。对不能当场处理的或不属本人负责的客户或客户问题，不得简单回绝，应先向客户说明情况，并按首问负责的原则处理，给客户明确的回复时间。重要客户来电或来函，客户经理应当日答复。

(9) 受理业务时，应向客户提供使用该项业务的说明资料，包括业务功能、使用范围、使用方法、收费标准、交费时间及故障申告、业务咨询、业务查询和投诉服务电话号码等，并仔细核对客户资料，在规定时限内将业务申请表提交下一环节，并跟进业务的进展情况。

(10) 控制拜访时间，适时、礼貌地告辞，如客户有未尽事宜需要再次上门，应约好时间。

7.3 客户服务中的沟通原则

客户仅仅是买东西的人、住酒店的人、来存钱的人，这种想法是狭隘的。现在，客户已经越来越希望享受在购买物品、入住酒店、去银行办事的那个过程，享受由高品质的服务人员所带来的愉悦感受。

客户服务工作，最根本的目的是为客户带来愉快而美好的服务感受，使自己成为受欢迎的人，这就必须要掌握与客户顺畅沟通的原则与方法，这是服务人员必备的一项服务技能。

“三 A 原则”是客户沟通过程中需要掌握的重要原则，也是建立良好沟通基础的一个重要基石。因为在沟通中，态度远比技巧更为重要。态度是无法隐藏的，它会始终在交流语言中流露出来。

“三 A 原则”是美国学者布吉尼教授提出来的，包括 Accept (接受对方)、Attention (重视对方)、Admire (赞美对方)。

1. Accept: 接受对方

服务人员面临的顾客群体非常广泛，这也使得其中必然有些客户是服务人员欣赏并喜欢的，但有些客户的不良行为也会使服务人员产生厌倦和反感的情绪。而要想做好服务工作，首先就要理解客户的情绪，拥有宽容、豁达的胸怀及良好的态度。

服务人员首先要从态度上接受客户。对服务人员而言，接受一些彬彬有礼的客户当然没有问题。而这里所说的接受更强调的是接受全部的客户，而不是接受某一个、某一类客户。要接受客户，就需要全面认识客户，能够经常换位思考去理解客户，不轻易对客户说否定的话，不与客户争执。

真正受欢迎的服务人员一定是严于律己、宽以待人的人。服务过程中一定会流露出一个服务人员的道德修养和思想境界，服务的行为规范固然重要，而若要打动人心，就必须言行一致、表里合一。

由于客户的出身、背景、学历、性别、地位、社会经验各不相同，因此在接受服务时的表现也各不相同。一个真正优秀的服务人员是不会过多计较客户表现的，而是永远把注意力放在如何为客户服务上。

案例分享

小红是一家中餐厅的服务员。一天，包间里来了一家人为老人家祝寿，小红看到那个寿星的年龄与自己的父亲相仿，离家打工的她对父母的思念就涌上了心头。在服务过程中她便格外殷勤，及时为老人家拉椅子，协助老人入座，不时给老人端上热茶。难以在家服侍父母，她便把这种孝道体现在服务中。老人家刚一皱眉，她便及时送来牙签；老人家刚放下茶杯，她便添满了热水；对方一家人为老人唱生日歌时，她也跟着一起拍手祝贺。老人家非常高兴，对她的服务大加赞赏。

用餐过程中，她发现老人比较喜欢吃鱼，便将鱼盘与其他菜品替换，放在了离老人最近的位置。没想到这却引起了儿媳妇的不满，她大声斥责："你乱动什么，没看见我儿子在吃鱼吗？你拿那么远，小孩子怎么够得着？上你的菜就行了，多管什么闲事？上完菜就出去站着，有事我们会叫你。"乒乒乓乓一顿数落，没容小红辩解半句。小红看了看老人家，没想到刚才还在夸赞她的老人，此刻居然躲开了她的目光。她顿时觉得委屈极了，眼泪夺眶而出，她说："口口声声说给老人祝寿，我把菜调换下位置，不就是为了让老人能多吃点吗？"这下，客人更生气了，儿媳妇站了起来呼喊着："叫你们经理过来，我们在这给老爷子祝寿，你给谁上教育课啊，我们不孝会给老人祝寿吗，你算老几，还哭什么丧啊？"

听到这里小红更委屈了，推门跑了出去。

过了一会儿，餐厅经理听说此事专门过来道歉，又将餐费打了八折，并附送了一个大果盘和每人一碗长寿面，才使事情平息下来。

通过这个案例我们发现，服务人员所面临的服务对象非常复杂多样，服务人员在工作过程中要尽可能考虑更多人的感受，当发生一些异议时要以宽容之心对待。如果案例中那个儿媳妇第一次开口表达不满时，小红暂时先出去一下，也就不会发生后面的事情，而且也不要寄希望于老人家能说什么，在那个场合、那种氛围之下，宽容和忍耐是必须做到的，任何针锋相对和据理力争的行为都会使整个祝寿宴更加不愉快。

"夫仁者，己欲立而立人，己欲达而达人。"仁德的人，自己想站得住，首先使别人也能站得住，自己做到通达事理别人也会通达事理。"己欲立而立人，己欲达而达人"是孔子的一个重要思想，也是"仁"的重要原则。如果能够"推己及人"也就做到了"仁"，这是儒家道德修养中用于处理人际关系的重要原则。而恕要求根据自己内心的体验来推测别人的思想感受，达到推己及人的目的。"恕"是由孔子最早提出的，并下过这样的定义：

“其恕乎！己所不欲，勿施于人。”

想要赢得客户，就要让客户有宾至如归的感受，接受客户是一切优质服务的基石。而且，在服务当中不要评判谁对谁错，只需要确认什么是自己应当做的。

2. Attention：重视对方

重视客户，这是服务人员需要掌握的一个沟通原则。在与客户交流时，唯有对客户加以重视，才能找到合适的沟通渠道。如果不愿意关注客户的想法和意愿，那么极有可能所有的沟通都与客户的要求背道而驰。服务人员只有发自内心地重视客户，才能够受到客户的重视。

案例分享

霍华德公爵是以不爱江山爱美人而出名的，很多女性都为他的绅士风度而折服。但所谓的绅士风度并不是说他英俊潇洒，而是他善解人意、尊重他人的风度。

19世纪的印度成为英联邦成员后，英国王室要举行一个盛大的活动来宴请印度特使，当时还是王位继承人的霍华德公爵奉命主持，出席的人都是上流社会的绅士淑女。席间宾主你来我往，杯光盏影，气氛热烈。这时服务员为每位宾客举上了一个精美的玻璃器皿，水上还飘着玫瑰花瓣，特使看了特别高兴，觉得英国人就是讲究，端起玻璃器皿，一饮而尽。 这样的场景让作陪的英国皇室成员目瞪口呆，玻璃器皿里的水是用来洗手指的，而印度特使却将它喝了。正当侍者准备上前提醒，霍华德公爵却用眼神制止了。他一边不动声色地和特使们聊天，一边若无其事地端起自己面前的洗手水大方地一饮而尽。一场看似尴尬的场面就这么被化解了。霍华德公爵设身处地为他人着想，用自己对他人的尊重体现了自己应有的风度，悄无声息地维护了印度特使的颜面。

尊重他人就是尊重自己，有些服务人员总是认为自己的工作不被人重视和认可，其实正是自己狭隘的想法禁锢了自己的才华。服务是需要较高的综合素质才能出色完成的，是否被人尊重，首先取决于自己。

在从内心接受了客户之后，就需要重视客户，也就是尊重客户。

什么是尊重客户？尊重客户的心理感受，远远比给客户倒一杯茶，或者送个小礼品更重要。

马斯洛的需求层次理论把需求分成生理需求、安全需求、社交需求、尊重需求和自我实现需求五类，依次由低到高排列。被尊重是每个人最重要的需求之一，能够使人从情感上获得满足。

3. Admire: 赞美对方

由衷的赞赏话语，是人际交往中最能打动人心的语言。

赞美说起来是一件很简单的事情，但做起来却很难。它需要赞美者有一双敏锐的眼睛，这样才能使赞美的内容不会空洞无物；它需要赞美者有宽容的心态，这样才能在每个人身上都发现优点；它需要赞美者有良好的技巧，这样才能使赞美不变成敷衍或平淡的白开水，确实有打动人心的力量。

赞美是发自内心的对美好事物表示肯定的一种表达。对客户的适当赞美能够迅速拉近与客户的距离，为接下来的服务交往奠定良好的基础。

有人认为赞美就是说好听的话。是的，得体的赞美如同一束火苗，会激发被赞美者的热情，也会给彼此带来好心情。但是真正得体的赞美却也是不容易掌握的，一些空洞、乏味、言不由衷、缺乏事实依据的赞美，常常会使被赞美者心生疑虑或是不满。因为有些不切实际的赞美与辱骂对方没什么区别，过于虚假、泛泛的赞美也会让说的人觉得不自在。

因此，赞美也是有技巧的，通常需注意以下几个方面：

(1) 态度真诚。

虚伪的表情和乏味的语言都是赞美的大忌。赞美客户时，首先要有诚恳的态度和真挚的情感。每个人身上都有优点，服务人员需要做的是发现优点，言之有物地予以赞美。

(2) 有针对性。

每个客户的年龄、性别、职位、身份都不相同，不可能有哪句话可以打动所有人的心。赞美客户是需要理由的，服务人员不能依靠臆想或凭空制造一些内容来赞美客户。这个内容一定是客户身上存在，并且最为重视的，这样的赞美才更加容易被接受，这样的赞美才能使对方从内心深处感受到你的真诚。

比如年轻男子希望听到的赞美大多是富有开拓精神、创造才能、骄人的学历背景等；成熟男性比较希望被称赞的是自己的事业、成就、才智、能力等；年轻女孩比较希望听到的赞美大多与容貌有关，如肤色、五官、身材等；成熟女性则希望别人赞美她的家庭、孩子或是说她比较优雅有气质；对一些老人家，可以赞美他儿女孝顺，或者提提老人家的当年勇，他都是非常开心的。

与客户的交往之初，服务人员就要尽力寻找和发现客户的优点和长处，可以从顾客的事业、长相、举止、语言、家庭入手，但不能急于赞美，要有事实的基础，并且在接触中判断会被客户喜欢再说。赞美的语言无须频繁，一两句言之有物的赞美话语就足以打动客户。

(3) 细致具体。

最不被人喜欢的赞美是那种空洞无物的赞美，比如“你真美”，这句话似乎用在年轻女孩上比较适合，但如果你对一个长相平平的女孩说这句话，她恐怕会以为你在嘲笑她，相反，如果你通过观察说“你清脆的声音特别好听”，可能她就会很开心。因此，要善于发现客户身上最微小、最不起眼的优点，这样的赞美反而会给客户以惊喜。而赞美的内容越细致，就越证明服务人员用心观察，对方就会有被重视的感觉，也会由此感到你的真挚、亲切和可信，客户关系也会更融洽愉快。

(4) 选择时机。

不是所有好听的话不择时机地说出来都会让人开心，要做到“美酒饮到微醉后，好花看到半开时”。客户猜出了一件商品的成分，要夸她“有眼光、有水平”，而不是赞美她“你的身材真好”；客户选择了一件品质好、价钱公道的商品，你要赞美她“有眼光”，而不是告诉她“你选的这个商品既便宜又好”。

案例分享

一个客户在一件漂亮的大衣面前徘徊许久，用手摸了好几次，想摸到价格标签，但摸了几次都无功而返。

导购员小星立马走了过来："女士您好，这款大衣是我们今年冬季的畅销款，就剩下这最后一件了，我看非常符合您的身材，您要试试吗？"

没成想，这位女士反而离开了大衣走到了毛衫架的旁边，边走边说："哦，我就随便看看。"小星马上说："好的，女士，那您随意看看，有事叫我。"这位女士一边心不在焉地摸着毛衫，一边回头看刚刚摸过的那件大衣。

没过多久，这位顾客又回到大衣旁，再次寻找标签。

小星见了，马上说："女士您好，由于马上要上新品了，所以现在冬装都在打折，是非常好的折扣，全场 5 折。这件大衣打完折之后不到一千元，原价可是将近两千块呢。前几天有个顾客还是原价买的，这个活动昨天才开始，因为要给新品腾位置。您试试吧，您的气质与这件大衣特别相符。因为就剩这最后一件了，您要是喜欢，我能再向队长申请一下，看能不能再给您一个折扣。"

这位客人立刻就脱下了自己的衣服准备试一试。

小星立马上前帮忙："您真有眼光，这件衣服是纯羊毛的，品质特别好，穿上特别显气质。"

顾客脸上露出了欣喜的笑容，瞳孔也随之放大，穿到身上不停地抚摸面料，一边摸一边说："这羊毛的手感真的非常好，大小也正正好。"

小星说："您真幸运，和这件衣服真有缘分，刚一打折就让您赶上了，能穿的日子还有好久呢，最近天气也一时半会暖和不了，只不过我们服务行业的惯例都是抢着上新装。"

随后，顾客立马决定购买了。

从这个案例中我们可以看出，促使客户购买的最重要的原因，一是价格，刚好赶上打 5 折，客户很开心，这个价格是她能够接受的；二是导购员的语言恰到好处，适度的赞美让客户听来很舒服，对服装质量本身的赞赏符合事实又正中客户的心理，对客户眼力的赞赏既直截了当又不着痕迹，似乎就是在聊天和协助试衣中顺理成章地说了出来。客户对这样的语言自然不会设防，被打动也是理所当然的。

洛克说："礼仪是在他的一切别种美德之上加上一层藻饰，使它们对他具有效用，去为他获得一切和他接近的人的尊重与好感。"

掌握沟通的原则也就掌握了沟通的核心，再加上技巧的恰当运用，这样的沟通方式必定能在与客户的交往中如鱼得水。

7.4　常用沟通技巧

客户经理在日常工作中每天都在与各种各样的客户打交道，沟通就成为必不可少的技能。良好的沟通能力，能帮助客户经理更好地完成维护与营销工作。

一、语言技巧

客户经理在与客户沟通中，掌握以下的语言沟通技巧，可使沟通更加顺畅，易于相互了解，尽快达成共识。

1. 用语的技巧

(1) 简单明了。只要对方能够明白，尽量用最简短的语言。

(2) 不要用只有自己跟同事才能懂的专业术语。所有的专业人员，在他们的心理上或态度上，都常常会表现出这样一个现象：在自己的专业范围内，自己认为很简单的东西，别人并不一定都懂，所以会想："怎么连这个都不懂，真笨！" 客户经理应尽量避免有这种想法和行为。

(3) 必须非常直接地表达。说话不要拐弯抹角，避免太多的叙述、太多的形容词和华丽的辞藻，要直接正中要害，这样才能达到最佳效果，否则客户可能会觉得你不够诚实。

(4) 要注意当地、当时的风俗习惯或语言禁忌。每个地方都有不同的风俗习惯，如果客户经理不知道或不尊重这些习惯，就会引起误会。

2. 提问的技巧

(1) 注重沟通的语气，并事先设定问题，变换不同的提问方式。问题包括以下几种类型。

- 开放式问题。例："请告诉我您选择产品最关注的是什么？"
- 封闭式问题。例："您现在使用的是移动的手机号吗？"
- 探测式问题。例："请问您现在每月的话费是多少？"
- 跟踪式问题。例："您使用宽带的情况怎样？每个月的话费怎样？"
- 引导式问题。例："如果我们的宽带价格下调，您会安装吗？"

在与客户沟通时，应尽量以开放性的话语问问题。

(2) 发问明确。

例："您家的宽带是什么时候安装的？当时的情况是怎样的？最后的结果是怎么样的？" 这样提问需注意以下几方面。

- 促使对方说得更明白。

例："您能告诉我这件事的详细情况吗？""请您用另一种方式告诉我好吗？"

- 倘若真是自己错了，要大方坦白地承认。

例："这一点是我错了，我没弄清楚。你这样说是有道理的，我应该这样做。"

- 预留余地，具有弹性，别被自己逼到死角。

例："或许我们可以尝试别的方法？你可否尝试用我们的其他产品呢？"

- 寻找真相。

例："这消息是哪里来的？""这些数据可靠吗？""关于你提的资费误算问题，我想这需要再确认一下。"

二、倾听技巧

在沟通中，倾听是一个很重要的环节。一个善于倾听客户心声的客户经理，往往会在营销中获得意想不到的效果。按照中国人的习惯，客户的表达并非直接的，时常是比较含蓄的，这就需要客户经理掌握倾听的技巧。

(1) 倾听分为三个层次：我在、我在听、我在用心听。

(2) 倾听过程中应鼓励并支持对方说话，以获得更多的信息。

(3) 专心聆听，用肢体语言和简短的话语回应对方，表示你在用心听或赞成对方的观点，而不是心不在焉。

例如，以身体语言，如点头、微笑和眼神表示对说话内容感兴趣，或说“嗯，好呀”等表示你的态度。

(4) 显示出关心及了解对方的感受。

(5) 能够以平静的心态听取客户的反对意见，而不是打断对方，要等对方都说完后再解释。

(6) 适当的时候运用恰当的发问，引导对方或确认对方信息。

(7) 训练自己从客户的话语中识别弦外之音。

三、电话沟通技巧

电话销售和面对面销售有一些不同之处，其中最重要的区别包括：电话交谈的时间短，用户看不到你，不能在电话交谈中使用肢体语言，所以必须更加注意非语言交谈技巧，更加努力让声音热情、友好、可信。

1. 电话沟通的原则

(1) 讲究速度和效率。在用户一拿起听筒时就要清楚地说出自己的来历和所属公司，要有绝对的信心，话中不能有丝毫的犹豫和惶恐，避免用背诵式的口气，尽量用更自然的语气，吐字清晰，说话时面带微笑。

(2) 必须牢牢控制谈话主动权。通常有准备的一方往往能够控制谈话的主动权。

(3) 表示出愿意帮忙。站在用户的立场上说话，这样可以使对方认为你非常关心他，让对方觉得你想给他提供帮助。在适当的情况下，从顾客的角度考虑，忘掉产品本身，与消费者进行良好的沟通，成为朋友，营销的机会就会送上门。

(4) 礼貌和友好。说话时要面带微笑，使用礼貌用语，做出礼貌的倾听反应，电话另一头的人不知道你是否在听，所以要让他们知道你在听，用“喔”“我知道”或重复对方的话表示你一直在听他讲话。

(5) 给客户留下好印象的另一个方法是把客户当作私人朋友，自己也要表现得像私人朋友，这不是说要花几个小时和客户闲聊，但偶尔加些点评能产生奇特的效果。比如你正在记一个地址，可以说:“在某某附近吗？那一带不错，我曾经去过。”如果一个客户两周前告诉你他们一段时间内会接不到电话，因为他们要外出度假，你可以过些时间打电话问他们什么时候回来的，玩得是否开心。

(6) 熟悉产品知识。在电话沟通前要做好相应的营销服务准备，要对任何客户可能会问到的问题有全面的了解。如果有些问题你确实回答不上来，不要犹豫不决，应该马上说：“我不知道，让我想想，您是否可以等一两分钟，或者我一会儿再给您打过来？”如果你要某个人再打来电话，或者把电话转给其他人，要告诉他们接电话人的姓名，并取得客户的同意。

(7) 做好后续的跟进工作。

2. 电话沟通的技巧

(1) 电话沟通前的准备

- 熟知产品的特点、卖点、营销措施和客户的基本信息。
- 设计好自己要给对方说清楚什么以及准备怎么说(时间最好不超过 5 分钟)。
- 清理嗓音，调整情绪，使自己处于快乐、热情的状态。
- 与客户沟通前要准备好相应的营销脚本，准备好记录的纸和笔。
- 选择适当的时机(不宜选择就餐时间、午休时间、过早或过晚)。
- 做好被拒绝的心理准备和礼貌的致谢语。

(2) 电话沟通中的技巧。

- 问候对方并自我介绍，征询对方是否方便。
- 从有利于对方的角度说明营销的事由。
- 沟通的语言要力求简短、清楚、明确。
- 称呼对方时应体现出应有的尊重。
- 随时关注对方的反应，若对方反感，切忌纠缠。
- 对方若有兴趣，即可进行详细的说明或约定登门拜访的时间。
- 注意记录和确认重要信息(包括时间、地点、价格等)。
- 切莫忘记告诉对方自己的姓名和联系方式。

(3) 电话沟通后的总结。

要做好电话沟通后的后续工作，整理好记录的表格，按照电话沟通确定的具体事项进行实施，总结电话沟通中的经验教训。

沟通对客户经理来说是非常重要的，客户经理可以通过日常工作来学习积累，从而不断提高自己的沟通能力。

本章小结

(1) 真正受欢迎的服务人员一定是严于律己、宽以待人的。服务过程中一定会流露出一个服务人员的道德修养和思想境界，服务的行为规范固然重要，而若要打动人心，就必须言行一致、表里合一。

(2) 由于客户的出身、背景、学历、性别、地位、社会经验各不相同，因此在接受服务时的表现也各不相同。一个真正优秀的服务人员是不会过多计较客户表现的，而是永远把注意力放在为客户服务上。

(3) 重视客户，这是服务人员需要掌握的一个沟通原则，在与客户交流时加以重视，才能找到合适的沟通渠道。

(4) 赞美是发自内心的对美好事物表示肯定的一种表达。对客户的适当赞美能够迅速拉近与客户的距离，为接下来的服务交往奠定良好的基础。

练　习　题

1. 有效倾听的技巧是什么？

2. 在出现客户投诉时能否使用赞美语言？为什么？请阅读下文，思考如果你是小王，你该如何向客户致歉？在解决的过程中能否适当运用赞美语言？

有个客户怒气冲冲地给某航空公司会员部打来电话：“你们怎么回事？我都已经有一张你们航空公司的金卡，但最近我出差收到短信，说我有了另外一张会员卡，最近我的里程全部累积到这张卡中了，可我最近根本没有办过这样的卡。我知道你们员工办卡是有提成的，可是你们也不能随便给客户乱办卡啊，你们办卡不要客户签字吗？不要看客户身份证原件吗？你说这怎么办？”

接线员小王倒吸了一口凉气，因为这个客户好像很懂会员部的一些常识，而且客户说的这种情况确实有可能发生，因为在办卡时往往要求了数量，而放松了审核，最近已经不止一个顾客投诉了。但是此前的客户都比较好安抚，而今天这个客户显然有来者不善的架势。如果只是给他做两卡合并处理的方案，恐怕很难使他满意。

第 8 章

服务的发展之路

学习目标

- 了解和掌握客户服务卓越化的措施。
- 了解什么是客户，以及如何定位企业与客户的关系。
- 了解和掌握如何开发服务新产品。
- 了解和掌握服务如何创造价值。

客户是企业最宝贵的资源，忠诚的客户对于企业发展的重要意义更是不言而喻。在各行业产品同质化越来越严重的趋势下，不断提高产品质量固然很重要，但许多企业已经意识到，服务同样可以帮助企业在市场竞争中取胜。

8.1　卓越的客户服务之路

一、向规范的服务要出路

怎样才能让客户忠于企业，这是让很多企业感到困扰的事情。几乎每个企业都有客户的流失，虽然会不断有新的客户补充进来，但维系老客户的成本远远低于开发新客户的成本。

有调查显示：一个顾客不满意会告诉 6 个人，这 6 个人又会告诉 5 个人；如顾客满意会告诉 5 个人，这 5 个人又会告诉 3 个人。

开发一位新顾客的成本是维系一位老顾客的 5～6 倍。

流失一位顾客的损失需要争取 10 位顾客才能弥补。

开发一位顾客需要很长时间，流失一位顾客可能是 1 分钟的事情。

服务让顾客满意的公司，年平均业绩增长率为 12%，市场占有率增加 6%；服务品质低劣的公司，年业绩增长率为 1%，市场占有率下降 2%。

企业必须重视客户的培养，让普通客户产生对服务的依恋并且享受企业的服务，这样才有可能使其成为忠诚的客户。

服务是一种感觉，有时客户仅仅是因为感到这一次享受到的服务与上一次有差异，失望之余便选择了离开。花样繁多的服务产品或是宣传噱头并不一定能够打动客户，能够让客户感动的有时就是简单的服务行为，因为品质如一、专业规范的服务更容易令客户产生信赖和依恋。

也许基于服务的无形性、不可复制性、转瞬即逝性，无法对其做一个形象的表达，但服务可以被感受，即使是一点关怀、一点帮助或一个关切的眼神，都可能打动客户，但也可能因为冷漠、含糊或是完全程序化的服务而使客户受到伤害。企业也许就在不知不觉中被客户放弃，因此，企业必须居安思危。

了解客户，设身处地去换位思考，对每一个服务人员来说都显得尤为可贵。

案例分享

某快餐品牌对原料的标准要求极高，汉堡中的面包不圆和切口不平的都不用，一片小小的牛肉饼要经过 40 多项质量控制检查；任何原料都有保存期，蔬菜从冷藏库拿到配料台上只有 2 个小时的保鲜期，过时就扔；生产过程采用电脑控制和量化标准操作，制作好的成品和时间牌需要一起放到成品保温槽中；炸薯条超过 10 分钟、汉堡超过 20 分钟就会丢失口感，就要毫不吝惜地扔掉；一个牛肉饼烤出 20 分钟内没有卖出就扔掉。作业手册有 560 页，其中对如何烤一个牛肉饼就写了 20 多页。

客户希望享受到的产品和服务都是具有稳定品质的，不应该因实施的人员不同而造成品质的差异。因此，在追求服务创新的同时，首先要打好规范的基础。

怎样才能使客户产生规范的感觉呢？

这种亲切情绪的体验，往往通过服务人员提供的实质性的服务内容和他们彬彬有礼、得体大方、专业规范的服务行为来表达。比如客户来到一个餐厅，看到所有的服务人员都以基本服务站姿挺拔站立，标准的手势位置传递出“我已经准备好了，时刻愿意为您效劳”的意愿，哪个客户看到这样的服务环境会不信赖呢？相反，如果客户来到餐厅，看到迎宾导位人员歪斜地靠在迎宾台前，百无聊赖地玩着手机，里面的服务人员嘻嘻哈哈聊着天，看到客户进来才站好，客户又能有多少美好的服务体验呢？

因此，确保服务的规范就是提供卓越服务的前提，所有的服务新举措都应该建立在规范服务的基础上。

二、让服务态度成为品质的标志

服务的特性之一就是无法储存，因为实施服务者的心情不同、时机不同、对象不同，这一次的服务很难与上一次的完全一致，但什么是可以一致的呢？这就是态度。服务态度是无法隐藏的。心态与技巧是因果关系，所有技巧的不足都根源于练习技巧的心态。在服务当中，心态总是表现出至关重要的影响力。同样是与客户握手，也许两个客户经理都做到了右手与客户相握、持续时间 3～5 秒、身体前倾、面带微笑，但因为手指弯曲程度不同，客户的感觉也会不尽相同。用手指稳妥包握住客户的手传递出温暖和热情，客户是能够感觉得到的。如果仅仅将手伸过去，手指僵硬冰冷，完全伸直，客户的感觉则是冷淡和敷衍，这种问候和迎接的方式不但不会给客户带来好感，相反还会留下糟糕的印象。

态度是自始至终伴随着服务的，有时，甚至不需要精心设计服务产品，诚恳的服务态度之下自然而然的行为就具有打动人心的力量。

案例分享

日本一家外贸公司有一位小姐专门负责为客户购买车票。她常给法国一家大公司的商务经理购买来往于东京、大阪之间的火车票。不久，这位经理发现一件趣事，每次去大阪时，座位总在右窗口，返回东京时又总在左窗边。经理询问小姐其中的缘故。小姐笑答道："车去大阪时，富士山在您右边；返回东京时，富士山已到了您的左边。我想外国人都喜欢富士山的壮丽景色，所以我替您买了不同位置的车票。"就是这种不起眼的细心事，使这位法国经理十分感动，促使他把对这家日本公司的贸易额由 200 万欧元提高到 1000 万欧元。他认为，在这样一件微不足道的小事上，这家公司的职员都能够想得这么周到，那么，跟他们做生意还有什么不放心的呢？

这种关切之情迅速打动了客户，但事实上，行为背后付出的代价仅仅是多为对方考虑一点，没有任何损失，却取得了巨大的收益。

态度是一种内在的心理表现，客户无法直接观察到服务人员的心理，却能从服务人员的言行举止中找到答案。端正服务态度的目的是要使客户有被尊重、被重视、被欢迎的感觉。

三、不断创新服务举措，适应客户需求

适合的服务才是最好的服务。企业必须定期推出服务新产品以吸引客户，因为客户都有好奇心，会对一些新鲜事物感兴趣。服务企业需要适时抓住客户的心理，掌握客户的心态和需求，推出符合客户期望的服务。

服务产品的推陈出新，是建立在客户需求基础上的，如果客户需要的是快速地办理业务，那么设计再复杂的迎客程序对于改善客户的心情也无任何作用；而在有些高档次的服务场所，客户需要的是殷勤全面的服务，而速度并非他们首要的需求，所以就要在服务形式上下功夫。掌握客户需求的脉搏，被客户欣赏和期待的服务才会应运而生。

四、超越客户的期望，赢得忠诚客户

如果你入住一个酒店，在办理好入住手续后，来到房间，惊讶地看到楼层服务员端着一个迎宾茶托盘过来，对你表示欢迎，你会有什么感觉？第二天，你外出工作，回来后发现写字台上多了一个鼠标和鼠标垫，旁边还有一张字条，内容为对你表示欢迎，并说明发现你在使用笔记本电脑，因此给你配备了鼠标和鼠标垫方便工作，你的心情会是怎样？第三天你感冒了，买了些感冒药，回到房间不久，服务员敲门给你送来了一碗姜汤，并告诉你："看到桌上的感冒药知道您感冒了，特意请厨房给您熬了一碗姜汤。"你

会不会感动？而这所有的一切，服务员都做得顺理成章、自然大方，毫无讨好和做作之意。你感觉到的是常规服务，而这种服务却是具有创造性的，它来自服务人员的智慧和服务人员关切的态度。

一次具有愉快而美好的服务体验是具有打动人心的力量的，会使客户产生习惯性的依恋，下一次，他仍会选择这里，这就是服务的魅力和意义之所在。

8.2　重新认识客户

客户就是企业与之打交道的对象，他们依赖企业以获得信息、指导、服务、产品或者社会支持的人，他们会从企业这里获得价值。在服务中客户又有许多的称谓，通常因行业或组织不同而有所不同，如顾客、乘客、旅客、患者、合伙人、投保人、用户、读者、买家、观众、采购商等。

“客户”的英文 customer 来自 custom (风俗习惯)一词，从这个语境出发，我们可以看到，如果在对待每一位客户时都能够考虑到他们的习惯，就是在对他们说：“让我们来解决你的问题。”能够充分考虑不同层面、不同地域、不同目的客户的不同想法，客户也就将享受到在他看来是唯一的、特别的、人性化的服务，他的内心也就会获得极大的满足。

有人说客户是朋友，这种说法虽不能诠释两者之间的玄妙关系，而且朋友亦有远近亲疏之分，但对待朋友都会有一种诚恳的心态作为基石。所以，至少这是一种有诚意的表达。

如果在服务和被服务的关系当中，也能够表现出朋友之情，客户感受到尊重和关怀才可能被打动，才愿意一而再、再而三地光顾。是否真切地将情感融入服务当中是我们在设计服务产品时应该考虑的，也是在进行员工培训时最应该关注的。

很多企业都把口号喊得十分响亮，但很少有人真正去思考怎样的服务行为才能与这个响亮的口号相匹配，于是口号成了噱头或是受人嘲笑的语言，没有踏实的行动，单纯的口号是没办法打动客户的。

世界著名的销售大师乔·吉拉德曾说：“你遇到的每一个人都有可能为你带来至少 250 个潜在的顾客。”相反，一个顾客因不满意而离你而去时，你失去的就不仅仅是一个顾客，你将切断与至少 250 个潜在顾客和现有顾客的联系。我们应该清楚，如果能够和一位客户成为朋友，那么你将拥有与 250 个人成为朋友的机会。

除了重视客户，把客户当作朋友一样设身处地地为之考虑和服务，别无他途。因为客户是企业最宝贵的财富，这一点毋庸置疑。

客户对企业是会不断进行筛选和选择的，他不会从一而终，也没必要对哪个企业忠诚。朋友则不同，如果在简单的服务过程中蕴含了饱满的情感，客户是会被感动的，而感动是产生依恋这种情绪的重要来源。客户不会轻易对某个企业忠诚，但大多数客户一旦习惯、适应了某种服务或某个企业，除非受到较大伤害，否则不会轻易离开。

通过对客户的细分，把握不同客户的内在需求，努力地为客户提供切合他们需求的价值，来获得较高的客户满意度和忠诚度，并建立一个情感账户，使客户对企业有情感上的依恋，是每个企业都应追求的永恒目标。

8.3 服务产品的开发

为了使客户保持新鲜感，企业经常要推出服务新产品。但如何开发服务新产品对企业来说却并非易事，不少新推出的服务产品要么应者寥寥，要么从服务程序层面就很难贯彻实施，很多服务新产品推出不久就迅速消失。究其原因，大多是因为这个服务新产品缺少必要的前期调查和对实施者的意见跟踪，是决策部门一厢情愿的事情，在实施中遇到阻碍，客户不买账也是理所当然的事情。没有问过客户要什么，而直接给予，击中对方需求的可能性自然是微乎其微的了。这就好比一个焦急的客户冲进银行想要汇款给家中患病的老人，他焦虑的心情从慌乱的脚步和神态中就可以观察到，可是大堂经理仍然程序化地问候、周到地询问业务种类和需求，并邀请客户入座，在客户等待时向客户介绍一些目前热门的理财产品，终于轮到客户办理业务时，柜员仍是问候、询问、邀请入座，用完整的语言保持一定语速与客户沟通，始终面带微笑地办理业务，需要复印身份证件，临走前交代要去“复印”这一事项，得到客户的认可与答复后步履从容地复印。可以想象客户此时的心情一定不会愉快，因为此时他需要服务速度，而得到的是循规蹈矩式的服务。

一个好的服务产品一定是通过详尽的市场调查、周密的研究、科学的实验，然后才呈现并实施出来的。开发服务产品需注意以下几个方面。

一、客户要什么

在设计服务新产品的时候，首先要关注客户当前最迫切的需求，然后对客户的意见和需求加以分析、提炼，找到可以改善的途径。如果想让自己设计出来的服务新产品受到客户的追捧，那就必须考虑这些问题：对企业来说什么是最重要的？在客户眼中什么是最珍贵的？与客户的期望相比，眼前推出的这个产品有多大意义？客户最有可能走掉的原因是什么？什么服务对于客户来说是惊喜？实施这个产品最大的收获和最大的困难是什么？

对所有可能出现的情况都有一个预判，会使服务新产品推出后受欢迎的可能性大大增加。

案例分享

以前，很多消费者在购买电子产品后最苦恼的事情就是丢失和损坏配件，很多蓝牙耳机被收起来不是因为不好用，而是因为丢了一只，另外一只凑不成一对；有的时候摄像头出了毛病，虽然没有坏但维修却很困难。而在市场上维修电子产品似乎是个费力不讨好的事情，维修难度高，利润却很低，因此很多电子产品商家是不开展维修业务的，或者维修也只针对本商场、本品牌的某些产品。即使是维修，也总是面临配件不足的状态，客户的产品放在销售商那里等待维修的期限是漫长的。

但华为、小米却敏锐地捕捉到了客户的需求，应运而生了配件销售服务，使消费者再也不用因为手机缺损个小配件而花更多的钱以旧换新了。

华为、小米在中国市场率先推出电子产品配件专柜。在原有的售后服务基础上，增设了产品配件销售专柜，有蓝牙耳机的耳机盒，有可替换的电池、液晶屏、鼠标键盘，不仅解决了客户的燃眉之急，同时也提高了企业知名度并使企业从中获益。

事实上这项服务是备受欢迎的，很多客户原本去只是为给自己的电子产品配个配件，但是转了一圈又发现了一个手机或其他电子产品，所以增加了一笔消费。看上去销售配件没有多少利润，但事实上极少有客户去了只买配件，大多会转转看看，在这中间就拥有了更多的销售机会。因此，只要抓住客户的需求，就能抓住商机。

二、用事实说话

服务产品要想赢得客户的心，首先要了解客户的心思，也就是说要先进行市场调查。也许某项服务能够赢得一个客户的喜欢，但并不能证明这项服务能够赢得大多数客户的喜欢，而任何一项服务产品都有一个目标人群，因此至少要以赢得目标人群中绝大部分人的喜欢为目的。而这一点就需要依靠科学的手段作为技术支持。

案例分享

服务社会志愿者团队在上个月开展了“服务老人，温暖心灵”实施月活动，以“温暖”为核心体现他们“服务老人”的理念，试图用合理的举止和亲切的形象展现团队“让孤寡老人不再孤独”的宗旨。他们没有盲目地开展陪伴服务、问候服务，而是通过网络调查和社区上门调查等方式，采集到老年人对于陪伴的殷切需求和真实感受，从而发现老人认为最舒服的陪伴模式，对于这项活动的要求远远超过其他的社会服务、个性化服务和延伸服务。因此他们开始在敬老院内开展“陪伴”服务工程。并且根据老人的真实情况，在陪伴某些行动不便的老人时主动帮他穿衣，搀扶，通过信息的采集和对比，使老人在养老院感受到子女在身边的感觉，使老人获得陪伴的满足感。

如果该团体进到养老院后，每一个志愿者都向老人询问我可以帮您做什么，对于老人而言想必不是什么美好的服务感受，因为这样会让老人觉得你是来完成任务的，感受不到任何尊重，流于形式的陪伴是不能温暖老人的。

志愿者团队通过问卷调查和电话调查了解老年人希望获得的陪伴方式之后，对之后的每一次的养老院活动都会做出针对性的安排，使志愿者彼此之间形成了默契，让老人在陪伴的同时既体会到热情的服务，又不致太过明显，从而达到了最初的预想效果。也正是因为此次服务的志愿者们选择的时机和方式恰到好处，“服务老人，温暖心灵”活动受到了社会的一致好评。

1. 书面调查问卷

调查问卷又称调查表或询问表，是以问题的形式系统地记载调查内容的一种印件。问卷可以是表格式、卡片式或簿记式。设计问卷，是询问调查的关键。完美的问卷必须具备两个功能，即能将问题传达给被问的人和使被问者乐于回答。采用书面调查问卷的好处在于可以真实呈现客户的真实想法，从而使服务产品的设计更具有针对性。

2. 网络调查

网络调查又称在线调查，是指通过互联网及其调查系统把传统的调查、分析方法在线化、智能化。其构成包括三个部分：客户、调查系统、参与人群。网络调查的好处在于参与人群更为广泛，调查样本更多，反馈比较及时等。

3. 电话调查

电话调查指的是调查者按照统一问卷，通过电话向被访者提问，笔录答案。电话调查速度快，范围广，费用低，回答率高，误差小，被调查者在电话中回答问题一般较坦率，适用于不习惯面谈的人；但电话调查时间短，答案简单，难以深入，并受电话设备的限制。

4. 内部员工意见征询

内部员工意见征询是服务新产品推出前非常重要的一个步骤，只有员工愿意实施，产品才能够深入人心。如果员工本身对服务新产品是抵触的，就不能够尽善尽美地呈现服务新产品。因此，首先要使员工接受服务新产品，才能够让他们尽最大努力把工作做好。调查的目的是了解员工的想法，来自一线的声音往往更为真实、可信，他们是距客户最近的人，也是最有发言权的人。首先要了解实施新产品的困难和压力，然后尽可能地解决所有的问题，员工才能没有任何包袱和负担地去积极实施。

三、经过时间考验的产品才是好的产品

策划出服务新产品后不能直接推向媒体和市场，必须有试运行的阶段，采集数据、收集想法，持续改进直到满意，才能推向市场。任何一个服务新产品推出市场后都有两种可能性，迅速被客户接受并喜欢，或者很快消失。想要产品在激烈的市场竞争中站稳脚跟，就必须确保这个产品在市场中是行得通的，并且是具有意义和价值的。而这一点，只能依靠前期试运行来获得信息。

案例分享

某铁路集团曾分别推出两项服务新产品，在部分线路上试运行，经过一个月的测试与反馈，两项服务新产品有了截然不同的命运。

一项是“商务小秘书”，即在商务客户较多的线路上，指定一名接受过短期商务秘书培训的乘务员为客户提供商务业务帮助。在一个月的试运行期结束后，这项服务新产品夭折了。究其原因：一是，客户出于保密的考虑，大多不会请乘务员来帮助办理业务；二是，短暂的培训之后，大多乘务员根本无法真正解决客户的难题，甚至很多商务专业术语都不能准确了解。尽管这样的线路上商务客户很多，但一厢情愿推出的这项服务新产品，显然是不符合客户需求的。

另外一项服务新产品是“旅行小助手”，即在旅游热点城市的线路上，指定一名接受过旅游知识培训的乘务员佩戴“旅行小助手”的胸牌为客户解答旅行咨询并提供旅行帮助。这项服务一推出就受到客户的广泛欢迎，在试运行期间收到很多旅客的表扬信。“旅行小助手”们在车厢服务完毕后几乎一直留在车厢，与客户交流旅行信息。由于此项服务受到客户的一致认可，在试运行期结束后，铁路集团又与很多城市旅游局联合，在线路上为客户提供热门景点的门票折扣券。

两项服务新产品几乎是在同一时期一起推出的，但是在试运行结束后，客户的反馈使得两项服务新产品有了截然不同的命运。因此，服务新产品不能盲目推出，要确保推出的服务新产品是有意义的。

8.4　服务可以创造价值

“现在的客户服务太难做了，一方面客户期望值在不断提升；另一方面公司资源日趋紧缩，服务创造价值的空间越来越狭窄。”常常听到这样的抱怨，甚至有些人觉得服务只是产品的一个附加值，本身并不能创造效益，有提升服务的精力，不如专注于产品的开发。

一、关注价值

价值的一个基本含义就是质量相对于成本的感知。在街边小馆吃一碗 5 元钱的米线，不会去挑剔服务的品质，店家能够把米线做得不咸不淡味道适中就可以让客户满意，至于地上的一次性筷子和脏污的餐巾纸，客户是不会去理会和投诉的，因为相对于付出的价钱，他的肚子吃饱便够了。可是如果在一个星级酒店，客户点了一碗 68 元的面，想要的恐怕就不仅仅是面条的味道可口，而是更为关注接受服务时的感受了，这个时候面条本身的价值和服务的价值都是客户关注并且在意的。

如果企业能够在提供服务时给予客户超过预期的价值感知，就能够打动客户，并且使客户依恋和喜欢企业的服务，未来也就有可能成为企业忠诚的客户。

但服务价值是很难测量的，它完全来自客户的感知，具有唯一性和独特性，甚至由于客户的心情不同、身份不同、性别不同，相同的服务在客户的感知中也会有微小的差别。尽管如此，每个企业仍然要追寻服务的价值，因为它是具有共性的，并且能够为企业增加回头客，创造效益。

二、创造价值

由于产品的同质化，服务已经成为争取客户的重要筹码。

案例分享

有一家火锅店，它的服务承诺具体且易于感受。比如在等待区等待就餐的顾客可自取免费水果、饮料和零食；如果是几个朋友一起，服务员会主动送上棋牌；吃完饭，要赶火车却打不到的士，门口的小弟看到他带着行李箱，问了情况之后，一会儿，火锅店的店长把自己的车开出来，将他送到了火车站；服务员上错了菜品，居然送上了个玉米饼，上面写着 3 个大字“对不起”，令顾客不仅不会指责他服务的小失误，反而感动于他的诚挚。

这家火锅店因此获得的不是一两封表扬信，因为人们已经不习惯写信表示感谢，但是他们用实际行动在进行客户满意度的投票：一直支持着这家火锅店。

从这个案例中可以看出，使这家火锅店在市场竞争中站稳脚跟的不只是产品质量，还包括令人感到舒服的服务。是服务的魅力使顾客有这方面需求时就会首先来到这家店，服务为企业创造了价值。

三、礼仪提升服务价值

如果你去一家银行交燃气费，你接受了一个银行大堂经理热情友好的问候，他询问了你的业务需求后为你在叫号机上取了一个号，之后邀请你到客户休息区休息等候，在你前面还有 5 位客户时听到了他的提示，并且在他的辅导下你已经填单完毕，其间他给你提供了一杯水，并且向你介绍了一些银行最新的理财产品和资讯。由于事先已经填单，轮到办理业务时一切也进行得非常顺利，你愉快地离开了这家银行。

下次，你走进另外一家银行，进去后看到大堂经理倚在大堂经理台前发呆，对走进来的客户视而不见，你只能自己去取号，看到前边还有二十多位顾客，有些焦急，你便在各个柜台前巡视，想要监督柜员快速办理业务。这时，大堂经理出现了，要求你到休息区坐下，不要来回走动干扰柜员工作。你的心情会愈发糟糕，感觉柜员的业务也似乎越办越慢，然后你会不断地看表并且开始和身边的人发牢骚。

两种不同的体验，很明显，大多数人都会选择第一家银行。我们发现，一旦客户享受过优质的服务便不再能够容忍那些平庸的服务，而给客户带来如此不同感觉的服务，差异似乎仅仅在于服务礼仪不到位。每个客户在享受服务时更为关注的是心理感受，礼仪的核心就是“尊重”，如果客户连起码的尊重都感觉不到，还能有良好的服务感受可言吗？

任何时候都不要低估服务的作用，它比我们想象的更为强大，我们总是以为顾客会在广告的轰炸之下做出购买决定，尽管有时是这样的，但长期的、信赖的购买行为总是与服务密不可分的，而礼仪又能够为服务加分。

本章小结

(1) 各行业产品同质化越来越严重的趋势下，不断提高产品质量固然很重要，但许多企业已经意识到，服务同样可以帮助企业在市场竞争中占领先机。

(2) 客户就是企业与之打交道的对象，他们依赖企业以获得信息、指导、服务、产品或者社会支持，他们会从企业这里获得价值。

(3) 一个好的服务产品一定需要详尽的市场调查、周密的研究、科学的实验，然后才能呈现并实施出来。

(4) 如果企业能够在提供服务时给予客户超过预期的价值感知，就能够打动客户，并且使客户依恋和喜欢企业的服务，未来也就有可能成为企业的忠诚客户。

练 习 题

1. 怎样能使客户有被尊重、被重视、被欢迎的感觉？
2. 应如何定位企业与客户的关系？
3. 开发服务新产品有什么意义？
4. 良好的礼仪是提升服务价值的途径吗？

第 9 章

正确处理客户异议

学习目标

- 学会正确看待异议。
- 了解客户产生异议的原因，知道怎样防止客户产生异议。
- 了解异议处理准则。
- 了解和掌握客户异议处理规范。
- 掌握冲突处理原则。

服务工作就是和形形色色的客户打交道，难免会有这样或那样的原因使客户不满，如果处理不当还会由此产生冲突。尽管这类现象是偶然的、个别的，但却往往给双方带来不快，甚至有损企业的社会声誉。

正因为如此，这类现象一旦发生，服务人员和企业都应高度重视，规范、高效地处理。异议处理得如何，关系到客户的满意度和企业的形象及社会声誉。

9.1 正确看待异议

异议，就是客户在享受服务的过程中或过程后产生的怀疑、不满、抱怨的行为。服务过程中，有可能会出现一些小的失误或疏忽，从而导致客户产生异议，而企业和个人也正是在不断地满足和解决客户异议的同时得到学习和成长，不断提升企业和服务人员自身的服务水准。

如果没有客户的异议，服务人员往往缺乏有效改进自己工作的机会和动力，永远在黑暗中摸索。异议不仅是本企业了解客户意见的线索，也代表着珍贵的“合作信号”和提升自身竞争力的方向。

也许这种学习的机会有些强迫性，但效果明显。在处理异议的过程中，直接锻炼了服务人员处理问题的能力，锻炼了服务人员的耐心，培养了服务人员与客户沟通的能力，也让服务人员从根本上意识到服务的重要性和感知到客户的确切需要，会给服务人员留下很深的印象，继而可以避免再次引起相同的客户异议。而对于某些问题，企业能借此相应地改进，从根本上提高综合服务质量。

所以，有长远、战略眼光的企业，无不带着感谢、感恩的胸怀和心态来看待、处理客户的异议。

积极、上进、自我要求较高的工作人员，会理性、积极地看待、处理客户异议。

同时，正确看待异议还包括勇于承担责任。不管是哪个部门、哪位同事的原因，只要客户向你抱怨、投诉，绝对不能推诿、不理不睬，要做的是积极倾听和快速、有效处理，马上解决。

案例分享

小王是某饭店的服务员。一天午餐服务中，一位客人气愤地用筷子敲打着盘子，原来青菜中有条小青虫。

“啥意思啊？”客人没好气地问。小王赶紧微笑着说：“实在对不起，这是我们的疏忽，请您原谅，我先给您换一份吧。”说完赶紧端走了这份菜，过一会儿又重新送来了一份分量更足的香菇油菜。她鞠了一躬后，微笑着说：“实在对不起，我为我们的疏忽向您道歉。因为我们饭店都是无污染的绿色蔬菜，所以菜上面才可能长虫。我们今后工作一定更加注意。今天实在对不起各位了。为表示歉意，刚才我请示了主管，今天的餐费打八折。”小王这么有礼、有理的解释，那桌客人自然也就算了，而且他们从此成了饭店的常客。

服务工作中，客户的异议处理是重要的工作内容。作为一名优秀的服务人员，必须有良好的应变应对能力，专业地消除异议，提高客户满意度。

9.2 防止客户异议

由于异议在表面上看来有一定的对抗性、负面性，所以企业不希望有客户异议的产生。因此，在客户异议产生之前做好预防工作很重要。

除因为产品质量不好而让客户产生异议之外，服务人员自身服务工作的不规范也是引起客户异议的重要原因。下面就从服务人员自身服务的角度来介绍怎样防止客户异议的产生。

一、做好准备

在正式接待之前，企业和服务人员为保证服务工作的顺利进行，往往要提前做一些准备或安排，即岗前准备。充分的岗前准备工作会让客户服务有条不紊，能有效避免因为准备不充分而带来的不便，也能在出现意外时及时有效地解决。

1. 充分休息

服务人员在工作岗位中应该保持体力充沛和精力旺盛，所以，充分的休息是自身准备的基础。精力充沛才会有饱满的热情投入到工作中。而无精打采、有气无力、疲惫不堪的表现，不仅容易从主观上产生失误而让客户不满，这种状态本身也会让客户感到不快。

尤其在客户本身心情不好的情况下，很容易因为一些小事动怒，热情积极、笑容可掬的服务态度，会影响客户，让异议产生的概率降低。

为了不影响服务工作的正常进行，服务人员不但要遵守企业规定的作息时间，每天按时上班，而且通常应当提前到岗，以便做好正式上班的准备工作。

2. 严格遵守服务规范

在服务行业，各企业往往都有其工作特点和相应的服务规范，这些规范是经过长期实践总结出来的，有其科学性。以其作为工作指导，必将有效促进服务工作的开展。有些服务人员为一时省事而擅作主张，不守规范。这样不仅容易使客户产生异议、不满，甚至可能会带来自身工作上的重大差错。

案 例 分 享

某商场瑞士手表专柜小张接待了一位客户。对方在简单看了几款手表后，就表示要买两款价值不菲的手表：一款是五千元，一款是一万元。

小张在高高兴兴地为客户办交款手续、开发票的时候，客户提出了特殊要求：把一万元的手表开成五千元的发票，把五千元的手表开成一万元的发票，说这样送人方便。并且还说："这样也不用多交税，就帮帮忙吧。你的服务很好，我常来光顾就是了。"

小张知道这样违反公司规定，但一想到有不小的提成，还是按照客户要求开了发票。

三天后，一位女士拿着那张一万元的发票和那款五千元的手表来找小张要求退货。即使小张再三解释，甚至主管经理出面也没办法，只好按票面金额退款，小张不但没拿到提成，反而连半年奖金也没有了。

3. 环境的准备

环境准备，是服务人员按照惯例应当进行的岗前准备中的重要环节。缺少了这一必要环节，或者对其重视不够，服务质量将会大打折扣。清洁、卫生、便利的环境会让客户感到轻松、愉快、舒适、放心，能给客户留下良好印象，从而有效防止客户不满情绪的产生。

岗前环境准备，分为搞好清洁卫生和方便客户行为两个方面。

(1) 搞好清洁卫生。干净整洁的环境是塑造舒适服务环境的基础。搞好清洁卫生，是每一位服务人员必做的。服务环境的卫生，需要考虑到服务区和周边两个方面。服务区内做到地面清洁、玻璃明亮、四壁无尘、空气清新，还包括相关桌椅的清洁卫生。在适当的地方应该有相关卫生标语的提示，如禁止吸烟、禁止随地吐痰等。同时也要及时清理烟灰缸、垃圾桶等卫生用品。对于周边卫生则做到地上无垃圾、墙上无涂画、水面无杂物、草坪无污迹等。

(2) 方便客户行为。一切环境的准备都应该考虑到如何方便客户，为客户提供便利是服务工作的重要部分。为此，格局的布置、桌椅的摆放和必要的提示标语或标签等都需要以方便客户为原则，在服务工作开始之前做好准备。如在窗口服务的服务区内，公用笔、印泥、老花镜、糖果、必要单据及标准填写示范和废纸篓等都应该摆放在客户顺手的位置。

不仅如此，有条件的企业还应为客户提供一些必要的便民设施。例如，用以休息的座椅，用以止渴的饮水机及一次性水杯，放在等候区的精致小糖果、点心等，而且要经常对便民设施进行必要的维护、补充、更新，不能光做摆设。

二、端正态度

端正服务态度，在服务过程中严以律己，宽以待人，在接待客户的时候热情服务、礼貌服务、耐心服务、周到服务，避免异议的产生。

1. 热情服务

在工作岗位上，服务人员一定要有高度的服务热情，并且适当地表现出来。要热情服务，就要积极接待客户。在服务行业内，有句行话叫“接一顾二招呼三”。也就是说，当客户很多，服务人员应接不暇的时候，要尽量照顾周围的客户；接待头位客户时，口头上去照顾第二位客户，同时以自己的眼神去招呼第三位及后面的客户。这种热情服务的方式，会很容易消除客户被冷落、被疏远的感觉。

2. 礼貌服务

服务人员要做好礼貌服务，最重要的就是对客户进行规范服务，时时处处以礼相待。

一方面，礼貌服务就是要对所有的客户一视同仁，真正做到平等相待。每位服务人员在这一方面都要自觉地做到“六不”，即在接待客户的时候，不以性别取人，不以年龄取人，不以打扮取人，不以职业取人，不以地域取人，不以态度表现取人。

另一方面，礼貌服务还要求服务人员严守服务纪律，拒绝不良表现。下面是常见的“岗位八忌”。

一忌迟到早退。

二忌擅自离岗串岗。

三忌私人关系约会。

四忌对客户不理不睬。

五忌和客户顶撞吵架。

六忌吸烟、吃喝、干私事。

七忌闲聊、打闹、高声喧哗。

八忌看闲书、报刊、电视，玩手机、玩游戏。

3. 耐心服务

耐心服务要求服务人员在接待客户时，表现得不急不躁，始终如一地待之以热情与礼貌。具体来讲，在接待客户时要做到耐心服务，主要是要做到有问必答、百问不厌、百挑不烦。

要真正做到耐心服务，还要求服务人员在面对过分挑剔、胡搅蛮缠、提出无理要求的客户时，保持应有的风度，注意应对技巧。具体要注意下面三点：

一要保持冷静。越是面对无理的客户，越是要注意态度，保持冷静和克制。接待这类客户时，既要坚持优质服务，不因生气而降低自己的服务质量；又要在原则问题上加以坚持，不要为了息事宁人而没有原则地迁就对方。服务人员的这种表现，实际上是对对方无理要求的最好回答。

二要理直气和。如果客户出言不逊，服务人员仍须心平气静，礼让三分，保持平和的心态。在服务岗位上，必须牢记得理之时须让人，不必因理直而气粗。胸怀宽广，善于说明道理，以理服人。

三要以静制动。服务人员一旦和客户发生异议，或者极个别的客户无理取闹，当事的服务人员尽量不要和客户针锋相对，而要一如既往地以礼相待。其他服务人员可以从旁调停、劝解，不能围观、起哄。

9.3　异议处理准则和误区

问题发生了，就要赶紧处理，将事情尽快平息，尽可能让客户满意。

一、异议处理准则

作为企业来讲，首先你要爱客户，客户最终才会爱你。这种理念具体表现在异议处理上有三方面。

(1) 客户永远是对的，尊重顾客异议。

这是服务礼仪的一项基本规则。树立了“客户永远都是对的”这一观念，就会以平和的心态来处理客户的问题，就会认识到有抱怨和不满的客户是仍对企业有期望的客户，应该对客户的抱怨行为给予肯定和感谢，并尽可能地满足客户的合理要求。这样说并不是要对客户的一切所作所为都直接肯定，而是意味着作为客户有权利对服务人员严格要求，有权利对服务提出批评、建议。

(2) 如果客户错了，请认真聆听，给予理解，维护顾客的自尊。

这一条的表述看似在玩文字游戏。字面上理解这个理念很容易，但要让服务工作者认同并转化成行动则需要过程。

客户是企业的衣食父母。即使是行政机关、事业单位的窗口服务岗位，所谓“为人民服务”，服务的就是人民群众。在服务当中出现的问题，不会是大是大非问题。所以服务人员应大度、理性一些，即使客户不对也没必要与之计较。我们只管提供专业的服务，况且客户一时的冲动并不一定针对你，他可能在其他地方受委屈，你只是触到了燃点而已。

这就要求：即使客户有误解，也决不能和客户争辩。争辩只会使客户更加情绪化，使事情变得更加复杂甚至恶化，最终只能是赢得争辩却失去客户。

(3) 创造一种感动，照顾顾客情绪。

有效处理异议的过程就是创造感动的过程。在处理异议时，让客户感动、获得意外之喜，是最有效的处理方式。

比如刚买的电器出了问题无法使用。电话通知客服后，他们马上就派技术员过来检修，技术员进门的时候还自己带了一个鞋套。经检测后发现这是客户个人操作的问题。快速检修、恢复正常之后，技术员耐心地告诉客户正确的使用方法、注意事项，然后礼貌地告辞。过一会儿，客服人员又打来电话，询问对技术员的服务是否满意，还有没其他问题。

这样的服务，提供的已不是解决电器问题本身了。不能使用电器的不快，当然一扫而光。

二、异议处理误区

每位服务人员都希望遇到心平气和、以和为贵的客户，但事实并非如此。有些服务人员遇到一些刁难客户，不懂得怎样处理，甚至不会容忍客户，不本着帮助客户解决问题的态度去面对客户，而是以牙还牙，破坏了企业和客户之间的关系。这里很大一部分原因来自服务人员对异议存在误区。

误区一："如果客户没有投诉就说明我们的工作做得很好。"

研究表明，100 个不满意的客户只有 4 个会投诉。其他客户为什么不投诉呢？因为投诉会无形中增加客户的成本(无论是时间还是精力)，而投诉的问题还不一定能够得到有效解决，所以不是每位不满的客户都愿意这么做。但作为服务人员心里要明白，在没有客户投诉的时候并不意味着工作就真的做得完美了。

误区二："失去一位客户无伤大局。"

有些企业的部分工作人员往往喜欢这么想。但要知道：不满意的客户可能会把他的不满意至少告诉 10 个人，这样辐射式的传播，一个企业有多少客户经得起这样的流失呢？

误区三："我们总是有新客户来。"

对于任何服务行业，其客户群都受一定的制约或者相对来说都是有限的。吸引住一位新客户所花费的成本远高于留住一位老客户。

误区四："即使平息了客户的异议，他们下次也不会来光顾了。"

异议得到有效解决的客户，会比没有投诉的客户更有可能成为忠实客户，更愿意认可这个企业的信誉和担当，而且也会从侧面给旁观投诉解决过程的客户留下良好印象。

误区五："不是我的客户没必要搭理。"

很多客户在问题产生后，直接去找企业、找部门而不去找当初销售或者提供这个服务的个人。其实对于客户来说，让他们找到当初的具体接待人非常不现实也没必要。在他们看来，出现问题，企业就应该承担责任，而不管谁接洽，他们要的是结果。

误区六："投诉的客户都是些无理取闹的人。"

虽然不排除有这样的人，但实际上很少有人这样。投诉是需要花费时间、精力甚至是金钱的，而无理取闹或恶意中伤不仅要浪费时间，可能还会对自身的名誉造成影响，甚至要承担一定的后果，所以很少有人无理取闹。

一个不满意的客户，可能会把此事告诉 10 个以上的朋友，一个投诉客户背后至少有 25 个不满意的客户但并没有投诉。换句话说，一旦有一个投诉的客户，可能已有 250 位客户不满意了。

假设某个客户本来一周购买某产品消费 100 元，但后来因为销售人员服务出现问题导致该客户产生不满并不再购买该产品，他不仅自己不会再去消费，还会告诉他身边的 10 个朋友不去消费，再因为一个投诉客户背后至少有 25 个不满意但并未投诉的客户，导致还有 25 人不会来光顾该公司，那么一年 52 周，这家公司就可能损失约 130 万元($100 \times 52 \times 10 \times 25 = 1\ 300\ 000$)。

可见，服务人员只有随时随地、尽心竭力地提供规范、高效的服务，才可能获得尽可能多的客户满意、认可，才能使自己的企业逐渐获得更强的市场竞争力。

9.4　客户异议处理规范

在给客户服务时不可避免会有客户产生异议。不同的异议有不同的处理方法，这主要由当时的投诉环境、事件原因、客户特点等决定。但总的来说，处理异议要遵守一些步骤和方法。

一、感谢异议

以真诚、友好的态度对待客户异议，千万不要把客户异议视为故意刁难，这是处理客户异议的前提。

对于客户来说，大多数是确实遇到问题，觉得不公才来投诉的。这不管对服务人员自身还是对企业，都是发现工作不足、补短板、促发展、提升服务品质的很好机会。

二、积极倾听

不管客户如何气势汹汹、喋喋不休，有经验的服务人员都会以礼相待，先做个倾听者，让客户将不满发泄出来，然后再解释、安抚。这时候，倾听是最基本的态度。对于正在气头上的客户，只有等他发泄完，才有可能听得进你说的话。

在客户怒气未消的时候发表意见，可能引起客户的反感和更大的不满。而且一切解释语或安慰语都是多余的，如“你可能不明白”“你肯定弄错了”“你不要叫”“你平静一点”“这是不可能的”“你别激动”这类词，不但解决不了任何问题，甚至还会使客户火气上升。

倾听时要注意以下四点内容。

1. 积极准备

客户来投诉的时候，要做好这些准备：找一个安静的地方，倒上两杯水，请客户坐下来。这样更方便客户消气、放松心情。处理异议的工作人员的坐姿应略微前倾，这是表示谦虚倾听的姿势。另外，带上笔和记事本。

2. 正确理解

要检验所听到的、理解的，和客户所要求的是否一致，要注意三点：一是不清楚的地方立即询问清楚；二是以具体的、量化的方式，向客户确认谈话的内容；三是等客户把话说完之后，再提意见或疑问。

3. 善用身体语言

善用自己的身体语言，并了解客户目前的情绪。在倾听的时候，要用专注的眼神及间歇的点头来表示自己正在仔细倾听，让客户觉得他的意见受到重视。同时也可以让服务人员观察对方在说事情时的各种情绪和态度，以决定接下来的应对方式。

4. 确认问题

倾听事情发生的细节，确认问题所在。倾听不仅是一种动作，服务人员还必须认真了解事情的每一个细节，然后确认问题的症结所在，并把问题的重点记录下来。如果对于客户抱怨的内容还不是十分了解，可以在客户将事情说完之后再请教。

在确认过程中，不能让客户产生被质问的感觉，而应以委婉的方式请对方提供情况，比如："很抱歉，有一个地方我还不是很了解，是不是可以再向您请教有关……的问题。"并且在对方说明时，随时以"好的，我明白了""嗯""说得是"来表示对问题的了解状况。

三、诚恳道歉

听完客户抱怨之后，不管抱怨是否合理，要立即向客户诚恳致歉，以平息客户的不满情绪。但千万不要为了平息客户的怒气而随便向客户承诺，以免做不到时引起客户更大的不满。

不排除有些客户比较敏感，喜欢小题大做，遇到这种情况千万不要直接地指出客户错误，而是应该婉转、耐心地解释，以取得客户的谅解。如果真的是客户错了，也不能责备他，相反要概括地说明问题，说明这是个误会，或者把责任归于自己的解释不清。这时可以用同理心的方式来委婉地说出，以维护对方的自尊心，没有必要把内疚或不满留给客户。基本句式是"首先感谢您说的这个问题，您的这个想法，一点也不奇怪。其实……"，在"其实"之后说出具体情况。

四、转移问题

在客户异议的处理上不仅要倾听，表达歉意，在解决、落实具体问题之前还有一个重要环节，就是转移问题。

转移问题是先处理心情，再处理事情。让客户有一个冷静、平静、缓和的心情，是处理好异议的前提。也就是说，转移问题并不是推卸责任或不重视客户问题，而是通过沟通来转移客户争论不休的某一细节，淡化客户的"痛处"，给客户降火。

面对怒气冲冲的客户，如果不"降火"处理，没有转移问题，即使直接、痛快地答应客户的要求，在客户看来你只是很"财大气粗"，不屑于听他的问题或想法，给客户的印象仍然是你不在意他这个客户、不重视他的意见，他是否支持你的产品、你的企业，你都无所谓。这样一来，表面上看问题似乎解决了，但客户的心理平衡没有得到解决，客户仍然不是满意的。

请客户到舒适安静的环境中先用茶；创造一个缓和的气氛，避免和客户争执；对客户进行语言安慰，表达关心和同情；给客户赠送小礼品；避免继续纠缠于客户提出的不可能解决的细节问题，而是转移到客户同样在意的其他方面，等等，都是具体的转移问题方式。

五、解决问题

异议处理的核心还是解决问题。

要按照企业的规定，在自己的职权之内，站在客户的立场，尽量满足客户要求。与客户达成共识后，必须迅速采取补救行动，不拖延。否则，客户的抱怨不仅无法消除，反而会加重，甚至又产生新的不满。

最忌讳一问三不知甚至躲而不见。这种方式不仅于事无补，更可能小事变大事、大事变得不可收拾。2011 年 7 月初爆出的某家具品牌以大量的国产家具冒充进口，高价出售，甚至以三聚氰胺板替代实木。中央电视台曝光后，旗下店面居然都对消费者避而不见。这样的处理方式无疑激起了消费者更大的不满，对该危机起到了雪上加霜的作用。

其实，前来投诉的客户，除了要解决问题，还希望得到一种心理平衡。所以有时可以采用补偿性关照的技巧来巧妙满足客户的要求。比如，客户对饭店的环境表示不满，在结账的时候要求免费，按照规定肯定是不可能的。但是服务人员可以表示只要他们下次再次光顾，一律给予八折优惠。这个方式虽然不能直接满足客户的需求，但平衡了客户的心理，同样可以平息客户的不满。

如果服务人员不能按照客户的要求去做，可以告诉客户自己可能做到的、最接近他需求的事情，向他提供至少两种可供选择的替代方案。如果提出解决方案后，客户仍不满意，可以问他的意见，看看到底需要什么样的服务或补偿才能够平息此事，尽最大的努力来满足客户的需求。当然，如果客户提出的意见超出公司的规定或是服务人员权限范围，就要先请示领导。特别是一些“无理”的或是难以达到的要求，服务人员绝不能轻易开口，否则就是对其他客户的不公平，以后的服务工作也会难以开展。

六、兑现服务承诺

协商、确定好异议的解决办法之后，就要兑现承诺。不兑现服务承诺，就会给客户留下这样的印象：言而无信；你并不在乎他；客户无法信任你；你们企业不想和他有业务交往；你们企业不讲社会道德、没有责任感……

所以，一旦承诺给客户答复，就要抓紧时间办理。

同样，为客户所做的一切，都要有理有据、有条有序地告诉客户。

七、确定客户满意

可以在服务过程结束的同时，问客户一两个简单的问题，比如：“我们是不是已经解决您的顾虑了？”“有其他事情可以再为您服务吗？”几天后再打电话确定客户是否真的觉得满意，也可以快递信件给客户，甚至随信附上优惠卡或礼券。这是异议处理“善始善终”的做法。

八、总结和完善

异议的发生对企业来说绝对是利大于弊。既然有异议，说明工作还有可以改进的空间，必须对相关问题进行总结、完善。

总结出一套客户异议处理规范，将常见的各种异议归类并给出简洁的处理流程、处理方式、沟通话术，以及规定各部门对相关事宜的责任。这样可以方便一线岗位的服务人员遇到相关事宜时，能迅速、规范处理。高效处理中，客户看到的是工作人员及其企业认真、负责的态度，这本身也更利于异议的处理。

9.5　冲突处理原则

冲突是异议的升级表现形式。任何企业都不希望和客户发生冲突。一旦发生冲突，有效制止事态的进一步恶化、缓和关系是第一要求。

下面就从服务礼仪的角度，介绍四个冲突处理原则。

1. 妥协原则

妥协的实质是自我利益的牺牲和退让。如不考虑他人的利益，退让和自我利益的牺牲都是不可能发生的，这就要求服务人员要有一定的道德修养和心理素质，必须学会适当放弃个人的某些要求，而不是去压制他人的要求。由于妥协能较大幅度地降低对方心理的挫折感，有利于缓和紧张状态，所以是避免冲突扩大化的基本原则之一。

妥协是为了更高目标而牺牲自己的一部分利益。换句话说，妥协是一种主动让步，而非被迫退缩。妥协不是无原则的，应该在社会道德规范之内，有一定原则，并以不损害集体利益和基本利益为前提。

2. 体谅原则

体谅的核心是善意的理解。服务工作中的冲突，相当一部分是由双方的误解而造成的。误解本身是一种错误的认识，只要给予客观的、善意的解释，误解就可以消除。然而现实中，误解的消除并非这么简单。如果一个人发现他人对自己的看法是完全错误的，那么他就有辩解和澄清的必要，但并不是谁都愿意承认错误并乐于让他人来纠正的，这种自我维护的心理，往往在客户方面表现得更加明显。这时就需要服务人员单方面的体谅，才可以表达出善意并有助于冲突的缓解。

3. 隔离原则

隔离是阻止冲突双方进一步接触，以避免矛盾进一步恶化的一种原则性措施。

典型的冲突是面对面的冲突，如果隔离冲突的一方，另一方就有可能因为失去冲突对象而得到平息，但是隔离对双方并不是等效的。例如，当一位客户与服务人员发生冲突时，其他服务员来劝解客户离开和劝解那位当事的服务人员离开，对平息冲突的效果是不同的，前者可能会进一步激怒客户，因为他认为其他服务人员是和他发生冲突者的同伙。另外，冲突中被拉劝的一方往往是主要的肇事者，并有态度恶劣非拉走不可之嫌。出于这种心理，客户会极力反对这样的劝阻，并有把冲突进一步扩大到其他服务人员身上的可能。但是如果其他服务人员劝离自己的同伴，效果就不同了。因为他们彼此是同事，相互之间有了解，并且这样做也往往更容易被围观的其他客户接受。当然，其他客户劝离这位处于冲突中的客户也具有同等效力。

除这种公开的劝离方式以外，还可以采取隐蔽的劝离方式。例如，另外一位工作人员走到现场，告诉正在冲突的服务人员有他的电话，从而接替他的位置，被接替者这时候就应该顺势离开。但要注意替换时机，接替者应在了解事实经过的前提下尽早介入，如果冲突发展到不可收拾的地步再介入，则替换不仅起不到作用，反而可能完不成替换。

4. 控制原则

控制原则是通过主观或客观努力，积极地解决矛盾，制止或停止冲突的原则。

控制分为自身控制和外界控制两种。前者主要是当事人通过自己的主观努力，对情绪加以控制，促使自己做出退出冲突的表现；后者则是通过外部手段，如调解者、行政命令、舆论等直接干预制止冲突。无论是自身控制还是外界控制，都是对冲突行为的一种制止，都有强迫性。

当交往双方心理处于激烈的对立和互不相容的状态时，发泄各自内心的愤怒情绪是双方的共同要求。在这种情况下，单靠妥协、谅解不能解决问题，因为它们并不能改变双方的心理特征，必须借助人为力量来控制。最有效的控制是自我控制，在适当的时候再由第三者出面调解，或通过行政手段制止。

当服务人员和客户产生冲突时，最基本的原则还是妥协退让，避免和客户发生正面冲突、使矛盾升级，以最大可能、最快速度平息事端，降低影响。

小贴士

表达出同理心是处理客户异议的重要技巧。它是有效减少服务人员和客户的敌对情绪、改善彼此关系、增加互信的法宝。

本 章 小 结

(1) 异议，就是客户在享受服务的过程中或过程后产生的疑问、不满和抱怨等行为。

(2) 在处理异议的过程中直接锻炼了服务人员处理问题的能力；锻炼了服务人员的耐心；培养了服务人员和客户的沟通能力；也让服务人员从根本上意识到服务的重要性并感知到客户的确切需要。

(3) 防止客户异议产生的方法有：做好准备和端正态度。

(4) 作为企业来讲，首先你要爱客户，客户最终才会爱你。这种理念具体表现在异议处理上有三方面：客户永远是对的，尊重顾客异议；如果客户错了，请认真聆听，给予理解，维护顾客的自尊；创造一种感动，照顾顾客情绪。

(5) 作为服务岗位人员只有随时随地、尽心竭力地提供规范、高效的服务，才可能获得尽可能多的客户满意、认可，才能使自己的企业逐渐获得更强的市场竞争力。

(6) 在给客户服务时不可避免地会有客户异议。对待不同的异议有不同的处理方法，这主要因当时的投诉环境、事件原因、客户特点等有所不同。

(7) 冲突是异议的升级版。任何单位都不希望和客户发生冲突。一旦发生冲突，有效制止事态的进一步恶化、缓和关系是第一要素。

练 习 题

1. 客户投诉与抱怨，有哪些心理原因？

2. 有效解决客户投诉的步骤是什么？

3. 案例分析。

某客户去银行办理业务，柜员需要复印其身份证，但是该网点 6 个柜员共用一台复印机，所以复印用时往往需要 5～7 分钟，而这种情况经常引起客户的抱怨。

请思考：如果你是该柜员，该如何告知客户这种状况，让其耐心等待？

参 考 文 献

[1] 金正昆. 社交礼仪教程. 6 版. 北京：中国人民大学出版社，2019.
[2] 靳澜. 服务礼仪与服务技巧. 北京：中国经济出版社，2018.
[3] 杜劲丽. 文明礼仪. 西安：西安电子科技大学出版社，2018.
[4] 张岩松. 现代公关礼仪. 西安：西安电子科技大学出版社，2018.
[5] 李贻玲，王圣. 现代礼仪实务指导教程. 北京：化学工业出版社，2014.
[6] 范文亚，李先明，郑艳. 社交礼仪训练. 北京：中国水利水电出版社，2014.
[7] 张岩松，张丽英. 现代职业礼仪与人际沟通. 北京：北京交通大学出版社，2011.
[8] 金正昆. 服务礼仪. 北京：北京大学出版社，2010.